길 위에서

시조사랑시인선 05

이일희 제2시조집

■ 길 위에서

열린출판

| 시인의 말 |

사람들은 삶의 길 위에서 희망과 성공, 기쁨과 슬픔을 느끼며 우주에 상존하면서 어제와 오늘, 내일과 영원을 향해 가고 있습니다.

저에게 이러한 인생의 길을 바르게 가르쳐주신 분은 안병욱 교수입니다. 대학 초년시절, "인간은 세 번의 탄생, 즉 부모로부터 생명의 탄생, 자아의 탄생, 사명감의 탄생을 거치며 의미 있는 삶을 살아야 한다"라는 그의 특강을 듣는 순간 온 몸에 전율을 느꼈고 이것은 저의 좌우명이 되었습니다. 저는 학생, 교사, 아내와 어머니, 대학강사, 전통차문화 연구와 보급, 걸스카우트 봉사, 시조시인으로 제 자신과 가정, 나아가 대한민국의 위상을 조금씩 높이며 살아왔다고 생각합니다.

저는 40여 년 동안 차문화에 애착을 갖고 연구하며 우리나라 전통문화를 전승, 보급하기 위해 노력해왔습니다. 고려 시대 대각국사는 송나라에서 다담선茶湛禪을 전해 왔는데, 수행修行할 때 차茶가 잠을 쫓고 심신心身을 맑게 하는 데 큰 도움을 주었으며,

이 다담선은 조선시대까지 이어졌습니다. 지금은 누구나 차를 즐기며 자신을 수양하며 건강을 증진하는 데에 활용하고 있습니다. 이처럼 차문화는 예禮와 예藝, 도道의 역사가 전통생활 속에 함축되어 있는 종합예술입니다.

저는 국내 및 걸스카우트 세계대회와 아시아 태평양 지역대회에서 한복의 아름다움과 도자기의 고아함이 깃든 우리의 차문화를 여러 차례 알려 왔습니다. 특히 한일 청소년 교류회 개최시 일본 동경 걸스카우트회관에서 무궁화 다례를 보여주었을 때 "일본차의 고향을 보는 것 같다. 한국 도자기에 매료되었다"라는 말을 듣고 한국문화의 우월성에 큰 자부심을 느꼈습니다. 또한 외국인들을 집에 초대하여 한국 가정의 생활문화와 전통문화를 소개할 때는 우리문화의 전승과 보급에 관한 사명감을 실현한 것 같아 한국인으로서의 긍지를 갖게 되었습니다.

저는 앞으로도 제 자신과 사회와 국가를 위하여 한국의 전통문화를 전승, 보급하면서 맑고 드높은 하늘의 뜻에 부응하려 합니다. 지금 가고 있는 길 위에서 일상日常의 마음으로 저의 두번째 시조집을 냅니다.

저의 태작을 분에 넘치도록 문학적, 역사적, 문화적으로 서문을 써주신 이석규 교수님과 미미한 저의 시조를 맑고 아름다운 시어詩語로 아침 이슬이 미풍에 하늘 가듯 조용한 파문을 일으키게 평설해 주신 김흥열 한국시조협회 명예이사장님께 진심으로 감사드립니다.

시조 사이에 넣은 사진들은 도예작가·미술학 박사(단국대 강사 역임)이며 사진작가인 제 아들 정인석이 만든 도예작품과 제가 사용한 다기와 다도구 입니다. 국내외에서 이 작품과 소품으로 다례를 하여 큰 호응을 받았습니다. 가시연과 목련화 사진을 보내준 고등학교 동문인 황인태 사진작가에게도 감사드립니다.

2020년 2월 2일

논현동 소학서소小鶴書巢에서

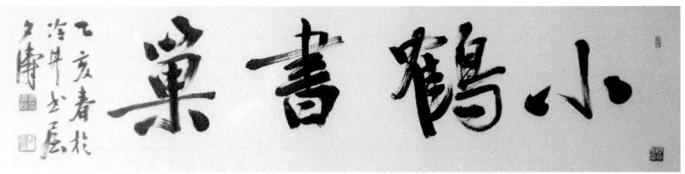

| 서문 |

도도히 흘러가는
한강수 바라보며

이석규
(사)한국시조협회 명예 이사장

1. 들어가며

 필자가 이일희 시인을 처음 만난 것은 2015년 세계전통시인 협회에서였다. 체구가 자그마한 여성인데도 진퇴가 분명하고, 항상 의욕과 열정이 충만하였다. 게다가 차茶 전문가로서 차에 대한 강의를 하는데, 직접 차를 끓이고 나누는 일을 일일이 시연하면서 진행하는 그 모습은, 섬세하고 부드러운 가운데 은은한 자부심과 권위가 서려 있었다. 지금도 그때의 기억이 선명하게 떠오른다.
 이일희 시인은 매사에 아주 열정과 의욕이 넘치는 분이다. 당연히 배우는 일에도 열심이어서 적어도 2년 이상을 시조를 포함한 필자의 강의를 들어왔는데, 매우 성실하게 노력할 뿐 아니라 마음을 활짝 열 줄 아는, 아주 시원하고 소탈한 분이다.

이 시인이 두 번째로 내는 시조집 『길 위에서』의 원고를 보면서 단지 서정적 자기만족을 위해서 시조를 쓰는 분이 아니라는 것을 알 수 있다. 그는 시조와 차에 대하여, 문화와 역사에 대하여, 특히 사람에 대하여 진정과 정성을 다할 줄 아는 사람이다. 그러면서도 인생을 깊이 성찰하고, 수신修身의 길을 나아감에 결코 멈출 줄 모르는 열정의 시인이라고 할 수 있다.

2-1. 고향

이일희 시인의 서정적 자아의 모티브는 고향이다. 그의 시조 <마음 한 편에>에서처럼 뒷동산에서 솔솔 풍겨오던 솔향기나, <별 하나 나 하나>에서 보듯이, 멍석 깔고 누워서 바라보던 무수하게 반짝이는 별빛이 찬란한 고향 마을, 귓가에는 지금도 들려오는 듯한 풀벌레 울음… 등 그의 서정적 세계는 이러한 어린 날에 대한 그리움에서 출발한다. 아득한 세월이 지난 지금도 선하게 떠오르는 부모님과 벗들, 이웃 그리고 그들과 함께 누렸던 수많은 삶의 순간들이 그의 작품 곳곳에 연연한 유토피아로 드러나고 있기 때문이다. 그것은 모든 열정과 의욕 그리고 내면적 사랑을 불태우는 발화점이라 할 수 있을 것이다. 그리하여 이일희는 한 마디로 열정과 사랑의 시인이다.

2-2. 우리의 자연과 문화

그녀의 자연은 당연히 이 나라 이 땅의 자연이고, 수천 년을 가꾸고 지켜온 우리 민족의 자연이다. 그리고 그 자연은 바로 우리 삶의 터전이다. 아니 삶 그 자체다. 이일희의 시조는 이러한 자연 속에서 자연스럽게 싹트고 자라난 유형무형의 우리 문화에 대한 사랑과 열정의 형상화라 할 수 있다. 그것은 또한 우리의 전통과 역사에 대한 자부심의 표출이기도 하다. 그러므로 기품과 풍류의 멋을 아울러 갖추고 있는 우리 문화는 그에게 이를테면 우리 겨레 자체에 대한 자랑이다. 그것이 우리의 자연 속에서 우리 민족의 슬기로 창조된 친근하기 짝이 없는 세시풍속이나 문화자산에 대한 이일희 시인의 사랑이 남다른 소이다. 그의 작품 <풍류가인>의 자연 속에서 우러난 격조 높은 노랫가락이 그러하고, <한가위>의 세시 풍속에 담긴 오붓하고 아름다운 음률과 어머니의 손맛이 그러하다.

입술에 문 모시껍질 한 올 한 올 쪼개면
그 질긴 풀줄기에 엷은 입술 터져서
피멍이 부풀어 올라 쓰라림에 말을 멎네

길게 잇는 올의 기장 무릎에서 비벼대니
벗어진 여린 살을 밤이슬이 녹여줄까
달빛에 어린 아낙은 선녀가 내려온 듯

   이 작품은 세 수로 된 연시조 <한산모시> 중 첫째 둘째 수인데, 그 시대 다른 어떤 나라에서도 만나기 어려운, 고품격의 옷감을 만드는 아낙들의 정성과 우아하고 결 고운 옷감을 자랑스럽게 노래한 걸작이다. 이일희 시인의 이러한 노래는 참으로 다양하고도 많다.

외로운 초옥 한 채 날 바람이 옷 벗겼다
뻥 뚫린 저 구멍에 탐라바람 들고 나네
추사는 미역줄기로 연명하며 구 년 살고
〈세한도歲寒圖〉 세 수 중 첫수

   그러나 그의 시선은 단지 풍류와 아름다움에만 머물러 있는 것은 아니다. 청렴하고도 결곡한 지조를 그린 <세한도>에서 올곧은 선비정신을 우러러 높이 칭송하는가 하면, 뭐니 뭐니 해도 우리 민족의 가장 대표적 문화유산으로 전 세계를 통틀어 최고

최선의 문자인 훈민정음訓民正音, 곧 우리글인 한글에 대한 자랑도 빼놓을 리가 없다.

하늘은 아버지요 대지는 어머니라
그 사이 생명 얻은 내 한 몸이 서 있구나
큰 임금 깊은 깨달음 한글 창제 하셨네

백성을 사랑하사 제 뜻 능히 펼 수 있게
날 밤을 새우시며 깊은 궁리 하던 끝에
하늘도 감동하셨네, 나라사랑 겨레사랑.

모든 이가 말과 글로 표현하며 소통하니
밝은 덕이 천지 가득, 온 누리는 태평세월.
하늘 뜻 공경하면서 이 나라 지켜가세

〈나랏말쌈〉 전문

이 시조를 살펴보면 시어의 선택과 개념의 연결은 물론 체계와 구성까지 잘 짜여서 기울어짐이 없다. 한글을 창제하신 세종대왕의 공덕을 기릴 뿐만 아니라 "나랏말쌈"의 효용성에 민족문화의 이상적 발전방향까지 제시하고 있지 않은가!

행주치마 곱게 입고 삼삼오오 짝을 지어
살짝 지진 화전의 연분홍빛 아픔이

내 가슴 파고드네요, 따뜻한 다향 속에.

　이 작품은 연시조 <답청> 세 수 중 세 번째 수를 예시한 것이다. "답청踏靑"자체가 우리 겨레의 독특한 세시풍속歲時風俗으로서 소중한 무형 문화자산이다. 음력 삼월 삼짇날이나 청명절에 술과 음식을 장만해서 경치 좋은 산이나 계곡을 찾아 꽃놀이를 하고 새 풀을 밟는 풍속을 읊은 노래이다. '살짝 지진 연분홍빛 진달래 화전을 먹고' 하얀 행주치마 곱게 차려입고 '삼삼오오 짝을 지어' 봄꽃을 즐기며 풀을 밟는 정경이 너무 곱고 아름다워서 마음이 저며 온단다. 어디 그 뿐이랴. 게다가 이일희 시인으로서 빼놓을 수 없는 것, 그것은 바로 다향茶香이다. 차를 사랑하고 즐기는 것이 이 시인의 진정한 풍류일진대 어찌 이 좋은 분위기 속에서 차를 빼놓을 수 있으랴!

2-3. 차 사랑

　이일희의 차茶 사랑은 유별나다. 100편 남짓 하는 시조 중에 차를 소재로 한 작품이, 시조집의 두 장章을 이루고도 넘쳐 다른 장 여기저기 숨어 있어 사랑의 속내가 겹쳐 드러나고 있음을 본다.

연잎 위 맑은 이슬 연지蓮池에 받아내려
금설초섬金舌初纖 숨겨놓은 연화차 우려내니
그 향기 퍼져나가네 붓다의 마음일세

〈연화차蓮花茶〉첫수

이 시조는 이 시인의 수많은 차에 대한 작품의 하나로 특별히 뛰어난 것을 고른 것이 아니다. 그냥 생각 없이 선택한 하나가 보는 바와 같은 격조를 갖추고 있다. 맑은 이슬로 우전차雨前茶를 품에 안은 연화차를 우려내니 맛 이전에 먼저 번져나가는 향기가 부처님 마음같이 그윽하단다. 그렇게 은은하고 부드러우면 무한한 자애를 풍기는 듯한 향내 -다향의 품격을 한껏 높이고 있음이 아니던가! 더 이상이 있을 수 없는 우리 차의 예찬이요 자랑이다.

그의 시조에 등장하는 차는 종류만 해도 감로차, 목련차, 연화차…등을 비롯하여 10여 가지가 넘고, 게다가 차 벗茶友, 차향茶香, 다기茶器, 차약茶藥, 차 항아리, 차실茶室 등 차와 관련된 온갖 분야의 멋과 진미를 노래하고 있다. 심지어 달빛 차, 선상船上의 다향茶香 등 우리의 전통적 고전적 분위기를 자아내는 장면까지 연출하여 우리 차문화의 극치를 보여주고 있다. 이는 그가 그냥 차를 사랑하는데서 그치지 않고 우리 차문화의 전통적 멋을 현대에 재현·창출하고 있음이다.

차에 관한 뛰어난 작품들이 많지만 여기서 한 편만 더 소개하고자 한다.

> 세모시 옥색치마 화문석花紋席에 자리하고
> 조롱박 흐르는 물로 감로차 달일 때
> 연꽃은 환히 웃으며 그윽하게 향을 품네
>
> 죽로와 어우러져 녹향연綠香煙 가득하니
> 다인의 정성이 색향미色香味로 머문 솜씨
> 한 잔 차 마신 마음에 꽃 피고 물 흐르네

이 작품은 <감로차>의 전문全文인데, 운치 있는 수백 년 전 맑고 그윽한 자연과 사람이 물아일체物我一體로 합일된 멋에 취하는 풍류의 진면목을 여지없이 드러내고 있다. 이밖에도 이일희 시인이 차를 소재로 하는 많은 작품들이 이와 견주어 손색이 없을진대, 그의 차 사랑과 그 수준을 넉넉히 짐작하고 남음이 있다.

2-4. 애국충정

당연한 이야기지만 우리의 문화는 하루 이틀에 이루어진 것이 아니다. 중국의 영향을 받은바 크긴 하지만 주로 중세 이후의 일이요, 반만년을 훨씬 상회할 것으로 추산되는 우리의 역사는 거의 독자적으로, 지구상에서 거의 흉내 낼 수 없는 독특한 문화와 전통을 창출해 왔다. 이일희는 예리한 관찰과 통찰을 통하여 바로 그러한 점을 형상화한다.

단군의 홍익인간 신선도의 근본이요
고운 선생 난랑비서 유불선의 합일이라
다산은 추사와 초의를 시서화로 이어간다

이 작품은 두 수로 된 <등불>의 첫수다. 아득한 옛날 신선도로 일찍이 득도한 단군성조께서 신선도의 근본정신인 홍익인간을 건국이념으로 우리의 나라 "조선"을 건국하셨다. 그 뒤를 이어 많은 학문이 일어나매 그 모든 것을 받아들여 유불선이 조화된 풍토에서 이 나라의 사회 질서와 문화를 이어온 바, 후세인들이 그 토대 위에 구체적이고 독특한 우리 겨레의 문화와 생활의 질서를 세워 왔음을 자랑스럽게 제시한다.

도도히 흘러가는 한강수 바라보며
비봉의 역사현장 심신에 아로새겨
그 정기 응집시켜서 나라부흥 이뤄보세

이 시조는 세 수로 된 <비봉길 청솔> 중에 셋째 수이다. 시인은 모처럼 비봉길을 산책하면서 유유히 흘러가는 한강수를 바라본다. 일상생활 속에서 잠시 잊고 살던 우리의 자연을 통해 자랑스러운 우리 겨레에 대한 사랑이 용솟음친다. 우러나는 시심을 금할 길이 없다. 돌이켜보면 수많은 외세의 침략과 무자비하고 어리석은 망나니들로 때때로 위기를 맞이하곤 했다. 그러나 어떤 경우에도 우리의 역사와 문화는, 우리의 넋과 얼은 맥맥히 이어져 한강수처럼 도도히 흘러왔다. 이 시인은 여기서 한 걸음 더 나아가 새로이 겨레사랑 나라사랑의 충정을 한 데 모으고 가다듬자고 한다. 민족의 정기正氣를 높이 세우고, 세계역사를 이끌어갈 영광된 미래로 나아가자고 외치는 것이다.

우리의 자연, 이 땅의 전통어린 문화유산을 바라볼 때마다 나라사랑 겨레사랑의 염원과 긍지를 주체하지 못하는 애국충정이, 이일희 시인의 정신적 바탕을 이루고 있음을 그의 작품 곳곳에서 볼 수 있다.

그럼에도 불구하고 맹목적이랄 수 없는 이일희의 차사랑은 이런 가운데서도 나타난다. 아무도 말릴 수 없는 경지에 이르고 있다.

끈질긴 뿌리 생명 순수한 꽃을 보라
백의민족 깊은 긍지 억만년 꽃 피우리
민족혼 굳은 심지心志가 차향기에 피어난다

한국산 가루차에 강화인삼 갈아 넣어

끓인 물 부어서 차선으로 휘저으니
화합이 따로 없구나 온 우주가 한 몸일세
〈무궁화 다례〉 네 수 중 둘째 셋째 수

보라. 나라의 꽃 무궁화를 보면서 백의민족 깊은 긍지를 노래하는 중에도 어김없이 차향기가 우러난다. 한국산 가루차에 강화인삼을 석간수로 끓여 휘저은 차에서 이 나라가, 온 우주가 한 몸임을 깨닫는다. 나라사랑 속에 차사랑, 차 사랑과 나라사랑이 하나가 되고 있음을 본다.

2-5. 인생관

이일희 시인이 착목著目하는 바는 궁극적으로 자기 스스로에 대한 끝없는 탐구와 천착으로 귀결되는 것 같다.

누구는 똑똑하고 어떤 사람 튼튼한 건
태어날 때 천지기운 받아 온 내 탓이다
인생길 살아 볼만 해, 내가 세상 주인 되면.
〈태어날 때〉 전문
사람이 살다가 자연으로 가는 거야
흙이 되든 하늘에 가든 인연 따라 가는 거야

또 다시 돌아온다면 무엇이 되든 인연이지

〈인연〉 전문

　그는 때때로 인생을 관조觀照한다. 때로는 침잠沈潛하기를 게을리하지 않는다.

　인생살이는 운명이든 숙명이든 자신에 대하여 깊은 이해를 통한 확고부동한 신념이 필요하다. 많은 사람들이 그것을 놓치지만 이일희는 그 답을 위의 시 두 편으로 분명히 천명한다.

　하나는 세상은 자기 의지와 상관없이 정해진 시대와 장소에서 태어난다는 것이다. 건강하든 약하든 지혜롭든 우매하든, 부모가 어떠하든 일생동안에 만나는 사람들이 누구이든 이 모든 것은 내 스스로 선택하는 것이 아니요 하늘에서 주어지는 것이란다, 다시 말하면 인연이요, 운명인 것이다.

　또 하나는 그럼에도 불구하고 내 인생의 주인은 '나'라고 하는 뚜렷한 신념이다. 그러하기 때문에 세상은 살아볼 만하다고 한다. 살아볼 만한 가치가 있고 그럴 멋과 흥취가 있다는 것이다. 내 마음에 따라 결정된 것은 아니지만 그렇기 때문에 오히려 의미가 있음을 갈파하고 있다. 이처럼 당당한 자신감과 긍정이 그의 인생관이요 가치관의 질료를 이루고 있다.

여름밤 하늘에 뜬 별님만큼 박혀있나

유성처럼 사라지는 흔적 없는 저 별똥별
　　지은 업 떨쳐버리자 저 별을 닮아가자

　　눈으로 볼 수 없는 크고 작은 업 덩이는
　　스스로의 힘으로 내 몰아야 떠나간다
　　들 날숨 몇날 며칠을 우주 속에 날렸느냐?
　　　　　　　　　　　　〈업장 소멸〉 전문

　이일희 시인은 또한 자기 수양, 수신에 힘쓰기를 쉬지 않는다. 위의 시조 <업장 소멸>을 비롯하여 <삼세지간三世之間>, <참 나를 찾노니> 등은 깊은 관조나 기도를 통해서 끊임없이 자기 수련에 매진하고 있음을 보여준다. 이 시조에는 여름밤에 총총히 박힌 별의 수만큼이나 많은 업장이지만, 별동별이 떨어져 사라져 가듯이 업장을 떨쳐버리려는 의지가 단호하고 강력하게 나타나 있다. 그 밖에도 차 한 잔 맘에 익혀서<참 나를 찾노니> 첫 수, '참나'를 찾으려는 것도 일상 속에서의 끝없는 수행을 보여주고 있는 예들이다.

3. 마무리

　이일희는 사랑의 시인이요 열정의 시인이다. 문화의 지킴이요, 우리 자연 문화사랑 나라사랑 차 사랑의 시인이다. 그리고 이러한 모든 사랑의 대상들 속에서 함께 살아가면서 그것을 통하여 뜨거운 가슴으로 인생을 이해한다. 이 세상의 의미를 깨달으며 '참나眞我를 발견하고 그것의 실존을 살아가려는 지칠 줄 모르는 의욕으로 가득 차 있는 사람이다. 게다가 언어적 센스도 뛰어나고 시조의 맛을 살려내는 능력도 뛰어나다. 특히 고아古雅하고 전통적인 민족문화의 아름다움을 드러내는 데 탁월한 장기를 가지고 있다.

그리하여 이미 대단한 성취를 이루었지만, 최근에 발표하는 그의 시조를 대하면 계속해서 발전하고 있음을 볼 수 있다. 그런 의미에서 두 번째 시집 『길 위에서』의 발간을 진심으로 축하한다. 앞으로 특히 일정한 영역에 대하여 기대하는 바가 크다.

/차/례/

시인의 말 / 7
서문 / 10

제1부_풍류가인

경칩 ················· 33
돌단풍 ··············· 34
어릴 적에 ············ 35
풍류가인 ············· 36
솟대 ················· 37
백련白蓮 ·············· 39
비봉길 청솔 ·········· 41
별 하나 나 하나 ······ 42
꽃길 ················· 43
피서 ················· 44
고향에서 ············· 45
대학로 ··············· 46
가을 밤에 ············ 47
오라버니 ············· 48
문안 ················· 49
발전이 좋다해도 ······ 50
꽃 봉오리 ············ 51
허수아비 ············· 52
러시아의 숲 ·········· 53
양재천 길 ············ 55
가시연 그림자 ········ 56

등불 ·············· 58
뒤돌아 가소서 ·············· 59

제2부_우리 모두 나서자

나랏말쌈 ·············· 63
달래는 마음 ·············· 64
한산 모시 ·············· 65
우리 모두 나서자 ·············· 66
기억 속에 ·············· 68
한가위 ·············· 69
즉흥시조 ·············· 70
아흔 살에 ·············· 71
길상사 ·············· 72
마음 한 편에 ·············· 73
고향 생각 ·············· 74
어찌 하오리이까 ·············· 75
일생一生을 돌아보니 ·············· 76
빛 ·············· 77
기 싸움 ·············· 78
폭풍우 ·············· 79
철모鐵帽 ·············· 80
해거름 ·············· 81
꽃비로 뿌리오리 ·············· 82
강이 되어 하늘이 되어 ·············· 83
나아갈 길 ·············· 84
포즈 ·············· 87

제3부_다품

나드리 ……………………	91
죽로차竹露茶 ……………	92
풋풋한 차향茶香…………	94
훈풍 ………………………	95
녹향연綠香煙 ……………	96
다품茶品 …………………	97
탐라 목련차 ……………	99
차벗茶友 …………………	101
세한도歲寒圖 ……………	102
답청踏靑 …………………	104
달빛차茶 …………………	105
연화차蓮花茶 ……………	106
화려한 홍차 ……………	108
감로차甘露茶 ……………	109
선상船上의 다향茶香 ……	110
찻싹 ………………………	111
차약茶藥 …………………	112
실화상봉實花相逢…………	113
박꽃과 나눈 얘기…………	114

제4부_명상차

바닷바람 …………………… 117
무궁화 다례 ………………… 118
모자母子 ……………………… 120
나라사랑 25시 ……………… 121
만년설차萬年雪茶 …………… 122
침선인針線人과 차茶 ………… 124
명상차瞑想茶 ………………… 125
호號 계당季塘 ………………… 126
죽군다기竹君茶器 …………… 127
다반사茶飯事 ………………… 128
연화문蓮花紋 백자항아리 ……… 129
차실茶室 성설당盛雪堂 ………… 130
가랑잎 ………………………… 131
경포호에서 …………………… 133
다하茶荷 ……………………… 134

제5부_길 위에서

삼세지간三世之間 ················ 139
업장소멸 ···················· 140
길 위에서 ··················· 141
세월 따라 ··················· 142
꽃 공양供養 ·················· 143
일상日常 ···················· 144
타고 간다 ··················· 145
천도天道 ···················· 146
친구여 ····················· 147
그러 하다네 ·················· 148
태어날 때 ··················· 149
풍랑의 배 ··················· 150
삼생무한三生無恨 ··············· 151
꿈속에서 ···················· 152
지구에 온 별 ················· 153
참 나를 찾노니 ················ 154
흐름 속에서 ·················· 155
수행자 ····················· 156
가고 오는 세월 ················ 157
하늘과 나 ··················· 158
함께 가자 ··················· 159

등산길은 수행의 길 ·········· 160
눈 감고 기도 중에 ············ 161
갈 곳을 찾아서 ················ 162
안과 밖 ························· 163
사라졌네 ······················· 164
변화무쌍變化無雙 ············ 165
뭘 찾소? ······················· 166
참 나는 어디에 ················ 167
스승 ···························· 168
인연 ···························· 169
준비하자 ······················· 170
도산道山서원 ·················· 171
천지운행이 바로 시계 ········ 172
논두렁 ························· 173

•평설
차 밭에서 만난 청학의 고운 노래_
김흥열 (사)한국시조협회 명예 이사장 / 174

29

제1부

풍류가인
風 流 佳 人

경
칩

냇가에 아가버들 눈 뜨는 소리 듣고
봄맞이 서두르며 개구리가 입을 열면
진달래 연분홍 미소에 내 입술도 물이 든다.

돌단풍

석부작 한 쪽 떼서 아버님이 주신 화초
이른 봄 제일 먼저 화분에서 싹을 내면
솔솔솔 생명의 힘이 가족에게 전달된다.

근면하라 이르시는 말씀이 되살아나
돌단풍 주신 뜻을 이제야 듣고 있다.
이십년 묻은 숨결을 집안 가득 채우리다.

어릴 적에

눈망울 굴려가며 달나라에 가고파서
뒷동산 솔 향 깃든 송편을 머리에 이고
옥토끼 절굿공이로 은하수를 저어 갔지.

풍류가인

가슴엔 시조 안고 세월일랑 등에 지고
유서 깊은 궁터 찾아 불현듯 오신 님아
역사 속 잠자던 시혼詩魂 살아나서 춤을 추네

거문고는 운율 속에 중후함을 실어주고
해금은 가냘프게 사랑이 애절한데
굵직한 대금소리가 여심女心을 잡아준다

솟
대

우주의 뜻 알고 싶은 구도자의 섭리 따라
하늘을 날다가도 나무에 앉는 새여!
내 마음 빚은 서원을 하늘에다 전하여라.

백련
白蓮

태양에 태운 열정 희고 맑은 학 한 마리
하늘로 비상할 듯 자태가 고결하다
연향이 퍼질 것 같다, 옥소리로 우는 날엔.

비봉길 청솔

비봉을 감아 도는 천만년 비바람이
휘뿌린 솔씨마다 서기가 어려 있네.
청솔은 울울 창창히 한양성을 지켜주고

진흥왕 순수비가 역사의 기둥인데
동북공정 웬말이냐 청솔씨야 날아가라
북쪽 땅 광개토왕비에 깊은 뿌리 내려다오

도도히 흘러가는 한강수 바라보며
비봉의 역사현장 심신에 아로 새겨
그 정기 응집시켜서 나라부흥 이뤄보세.

별
하
나
나
하
나

나 어릴적 보이던 수많은 별 어디 갔나
멍석에서 하늘 보면 반짝반짝 빛나던 별
여름 밤 깜빡 졸다가 별나라에 다녀왔네

별을 따서 머리에 이고 올 걸 그랬어
저 하늘 바라보며 마음이 맑아졌나
헤이는 별 하나 별 둘 내 가슴에 안겨오네

꽃
길

라일락 향 곱게 퍼져 꽃길을 만드는데
어제 본 그 사람이 나를 찾아 헤매이네
꽃가지 드문 사이에 나 숨은 줄 모르고

피서

헐떡 헐떡 벌린 입에 부채가 넘실댈 때
언덕배기 둥근 마님 호박잎 양산 쓰고
후두둑 힘찬 소나비 에어컨이 따로 없다.

고향에서

솔솔솔 청솔향이 피어나는 뒷동산에
봉긋한 조상 산소 조용히 터 잡았네
비석문 읽고 또 읽으며 미래 꿈을 키운다.

대
학
로

마로니에 하얀 꽃이 앳된 사랑 부추긴다
벤치 아래 비둘기가 먹이 찾는 저녁나절
후두둑 소나기 한 차례 노숙자를 괴롭힌다.

가을 밤에

브이 자가 하늘에서 이별 노래 부를 적에
미소 띤 보름달이 긴 여정 길 비춰주면
철새들 밤도 낮이다, 온 가족이 정겹다.

오라버니

어린 나를 앉혀놓고 무릎만큼 책을 써라
네 키만큼 책 읽어라, 오라버니 이른 말씀.
칠십에 반 무릎 썼네, 남은 생에 더 써보자.

문안

한복 차림 새 아기 어여쁘기 그지없네
원앙 한 쌍 날아갈 듯 옛 시절 생각나서
새살림 내주었더니 웃음꽃이 만발하네.

공경 받는 어른은 부지런함이 으뜸이라
한 여름에 위 아래 옷 챙겨서 입어야 하고
점잖음 따라야 하네, 한 생애가 다 가도록.

발전이 좋다해도

4차산업 도래하면 망상스런 일 벌어진다
사람이 퇴화하여 고춧대에서 그네 탄대
인간을 망칠 수 없다, 휴머니즘 다시 찾자.

꽃봉오리

개운사 시냇가에 하얀 배꽃 맑은 기품
청정한 도량道場에서 온몸으로 수행했나
마알간 백옥빛으로 온 천지가 환희롭다

사춘기 어린 가슴 봉긋 솟는 꽃봉오리
수줍어 감추는 빛 빨간 얼굴 더욱 곱던
그 시절 친구들 머리에 이화가 벙끗하네

허수아비

걷고 뛸 수 없다고 깡통이 소리친다
"그 흔한 전자제품 하나만 달아줘요
논두렁 펄펄뛰면서 천만섬을 벌어줄게"

러시아의 숲

청정한 산속에 울울창창 자작나무
가야금 열두 줄을 겹겹이 둘러치고
노루는 악사가 되어 달님 별님 초대하네.

내 맘속 때 다 벗고 저 하얀 숲속에서
싸모바르 홍차향에 온몸이 녹아들 때
청정한 하늘을 안고 새털처럼 나른다.

양재천 길

수양버들 하늘대고 소녀마음 살랑댄다.
연초록 생의 환희 단발령에 무너진 길
자전거 씽씽 달리네, 새 세상을 만난 듯.

꿈꾸는 앳된 사랑 미풍에 봄을 싣고
비단 같은 머릿결을 창공에 날릴 때면
원앙도 시샘하듯이 양재천을 유희하네.

가시연 그림자

자태가 너무 고와 탐내는 이 하도 많아
물 위에 핀 가시연은 은장도를 품고 산다.
주돈이 열 명이라도 품어볼 수 없구나.

낮에는 흰 구름이 밤에는 달과 별이
가시연 곁에 와서 하루종일 속삭이네.
바람이 흔든다 해서 내 마음이 변할쏘냐.

잉어와 붕어들이 가시 없는 그림자에
밤낮으로 다가와서 수중가를 불러도
하늘을 바라보면서 연화세계 가려하네.

*주돈이: 북송의 유학자로 연꽃을 사랑하였다. 그가 쓴 시詩 애련
설은 유명하다.
*향원익청香遠益淸: 연꽃은 멀리 갈수록 그 향이 맑고 그윽하게 퍼
진다 라는 말이 그의 시詩 애련설愛蓮說에 나오며 연꽃이 하도 곱
고 아름다워 멀리서 바라만 보고 품을 수가 없다는 구절이 있다.

등불

단군의 홍익인간 신선도의 근본이요
고운 선생 난랑비서 유불선의 합일이듯
다산은 추사와 초의를 시서화로 이어간다.

인간을 사랑함은 세상을 하나로 뭉쳐
평화통일 이룩하는 근본이념 아니던가.
일찍이 타골은 말했다, 동방의 빛이라고.

뒤돌아 가소서

노랑 옷 곱게 입은 담장의 새 아씨야
먼 산에 아롱이는 분홍 리본 소녀들아
어느새 훌쩍 다녀간 새 하얀 신부여.

천천히 오서소 나 이대로 있고 싶소.
쏜살 같은 세월을 태양에 묶어 놓고
뒤돌아 얼른 가소서, 나도 같이 가오리다.

제2부

우리 모두 나서자

나랏말쌈

하늘은 아버지요 대지는 어머니라
그 사이 생명 얻은 내 한 몸이 서 있구나
큰 임금 깊은 깨달음 한글 창제 하셨네

백성을 사랑하사 제 뜻 능히 펼 수 있게
날 밤을 새우시며 깊은 궁리 하던 끝에
하늘도 감동하셨네, 나라사랑 겨레사랑.

모든 이가 말과 글로 표현하며 소통하니
밝은 덕이 천지가득, 온 누리는 태평세월.
하늘 뜻 공경하면서 이 나라 지켜가세

달
래
는

마
음

밤새도록 화롯가에 홀로 앉은 저 여인아.
가신 님 그리는 정 불돌 밑에 눌러 두고
솔솔솔 솟는 사랑을 인두판에 다독인다.

*불 돌: 화로의 불씨가 쉬 사위지 않도록 눌러놓는 돌
*인두판: 인두질할 때, 다리는 물건을 올려놓는 기구. 안에 솜을 두
 고 헝겊으로 싼 널빤지
*인두: 재래식 바느질 도구의 한 가지. 불에 달구어 솔기를 꺾어 누
 르거나 구김살을 눌러 펴는 데 쓰임

한산모시

입술에 문 모시껍질 한올 한올 쪼개면
그 질긴 풀줄기에 엷은 입술 터져서
피멍이 부풀어 올라 쓰라림에 말을 멎네.

길게 잇는 올의 기장 무릎에서 비벼대니
벗겨진 여린 살을 밤이슬이 녹여줄까
달빛에 어린 아낙은 선녀인 듯 하여라

어깨춤 추어가며 치고 닫는 율동으로
석 달에 모시 한 필 정성을 다하네
풀 먹여 다림질하니 고아함이 나빌레라

우리 모두 나서자

돌덩이 감싸 안은 행주산성 전투여!
논개의 거룩함은 촉석루에 푸르르고
유관순 만세소리는 탑골공원 못 떠난다

평강공주 사랑의 힘 대장군을 만들듯이
소서노는 고구려와 백제 건국 도와주네
가냘픈 꽃이라 마라, 이 땅 지킨 영혼이다.

*소서노召西奴: 소서노는 졸본부여 우태의 아내로 비류와 온조를 낳았다. 남편이 죽은 후, 부여에서 망명 온 왕자신분의 주몽과 결혼하여 고구려를 건국했는데 이때 소서노가 재정적 군사적 큰 힘이 되었다. 후에 주몽이 부여에서 온 전 부인과 아들을 왕비와 왕자로 책봉하자 소서노는 비류와 온조, 10명의 군사, 따르는 백성과 남하하여 한강 이남에 백제를 건국하는 데 큰 공로를 세웠다. 소서노는 우리 역사상 가장 뛰어난 여장부이자 고구려와 백제를 건국한 국가 설계자로 평가할 수 있다. 남성 우월시대에 여성 신분으로 삼국사기에 오를 만큼 큰 힘을 가졌던 것이다.

*소서노를 위한 헌다례獻茶禮: 2005년 6월 24일에 음성 큰바위얼굴 조각공원 내 '소서노' 동상 앞에서 제8차 세계 여성학대회 특별 행사할 때 헌다례에 본인이 헌다례문을 작성하고 행다함.

기억 속에

고운 산길 자애慈愛 품고 하늘 보며 자란 숲에
묵은 낙엽 뚫고 자란 춘란이 향을 품네.
옛 선인仙人 터를 잡았던 그 기슭에 봄이 온다.

한가위

첫 새벽 홰를 치며 수탉이 목을 빼면
봉긋한 오색 송편 가마솥에 분주하다.

빚은 정
어머니 손맛
추억 속에 살고 있네.

즉흥시조

술술술 시상 따라 읊는 것이 즉흥시인데
타고난 내 천성을 누군들 막겠는가.
세상사 이런저런 일 그런 대로 써 보련다

아흔 살에

팔십 된 고령 선비 밤과 은행 심었더니
십년 후 열매 달려 후손들과 나눈다네.
내 목숨 내일 다해도 오늘 씨를 뿌린다.

길상사

눈 내린 하얀 아침 말 타고 떠나신 님
같이 가자 하실 때 따라나 가 볼 것을
한줌 재 암자에 앉아 백마 한 필 기다리네.

생시엔 못 오시네, 꿈에서나 만나려나.
날밤을 새워가며 수 없이 기다린 정
한 송이 길상화 되어 맑은 향을 전하네

마음 한 편에

어릴 적 내가 큰 곳 친정집에 못간 명절
해마다 시댁 성묘 빠진 적이 없건마는
아쉬운 마음만 가득 고향에 가고 싶네

달 보고 마음 달래 눈망울 굴려보면
뒷동산 솔잎 향이 솔솔솔 날아오네
날 보고 계시겠지요, 그리운 부모님도.

고향생각

새벽녘 닭이 울 때 가마솥 여는 소리
솔향 가득 광주리에 송편이 보드랍다
내가 딴 뒷동산 솔잎 그 향기 진동하네.

소당 뚜껑 뒤집어서 들기름 발라가며
지져낸 빈대떡엔 막걸리가 제격인데
설탕 탄 모주는 내 것, 할머니가 주셨지.

휘영청 둥근 달이 뒷동산 솔숲 지나
서산에 기울 때에 잠깐 동안 눈 붙이고
외양간 워낭소리에 눈 뜨시던 어머니

● 어찌 하오리이까

先祖家訓曰忠孝立心仁禮持身毋積小嫌而失和於兄弟毋徇私欲而致怨於外人
文忠公遺訓曰無怨於人無怨於己志行上方分福下比
壬戌孟冬後孫仁圭盥手謹書銘于座側永爲吾家傳世至寶曰誦之戒懲

아버지 흘리신 피가 가슴을 울립니다
거머리가 빨던 피가 승화된 학자금이
한 평생 날 키워 냈음을 이제야 깨닫는다.

인자하신 눈매 속에 아픈 속내 다 감추고
자식을 키워내신 그 정을 못 잊어서
하 세월 지난 뒤에도 눈시울이 젖습니다.

*친정 아버지께서 93세에 선조先祖의 가훈과 직계 조상인 오리정승 이원익 문충공文忠公의 유훈을 써주시며 "뜻志은 위를 따르고 분복分福은 아래와 비슷이 하라 志上行方 分福下比고 이르셨다.

일생ᅳ生을 돌아보니

금대봉 낙엽 하나 시냇물 여울 따라
한강수 물살 타고 대서양에 다달으니
분수령 고래 숨결에 서커스를 즐기네

그물같이 퍼진 핏줄 다 삭아 없어져도
플랭크톤 배 불리니 그 생애의 종착역
그러나 먹이사슬로 이생 저생 돌고 돈다

빛

태어날 때 받은 천품 성숙해진 밝은 마음
어떤 정략 모진 모략 물렀거라 내가 간다
북악산 빛나는 정기 온 나라를 밝힌다

기싸움

농게가 "이 놈아! 내 앞에 얼씬도 마!"
방게가 오금저려 슬금슬금 쫓겨가며
"제기랄! 꽃게가 나오면 꼼짝도 못할 놈이!"

폭풍우

폭우와 태풍속에 뽑힌 고목 나뒹굴고
잘려진 논뚝허리 펑펑펑 피 흘린다.
막아라 보를 쌓아라, 쌀가마니 떠나간다.

도롱이는 벗겨져 저 멀리 날아가고
둥둥둥 흙탕물에 지게가 떠나간다.
발 동동 논뚝 막아라, 농부가 젖줄이다.

철모 鐵帽

오매불망 그리던 어머니 품에 안겼는데
웬일인가 나를 안고 땅을 치며 통곡하네.
아아아 철모가 이 몸, 어머니 어머니시여.

해거름

수평선에 찬란한 빛 마지막 절창인가.
산마을은 어둑어둑 해거름이 설렁대도
내일의 희망을 안고 여명을 기다린다.

꽃비로 뿌리오리

"나이가 들어가면 모친 생각 더 날거다."
삼우재 후 친정 떠날 때 이웃사촌 하신 말씀
세월이 흘러 갈수록 내 가슴에 사무친다.

그리운 정 고이 고이 책갈피에 담은 꽃잎
어머니 상봉할 때 꽃비로 뿌리오리
오늘도 향그런 모정母情이 파장되어 날아간다.

강이 되어 하늘이 되어

사부님의 학덕 쌓임 뉘라서 모르리까
깊은 강물 흐르듯이 하늘에도 닿을 듯이
한시漢詩에 내신 큰 길을 제자들이 가오리다.

나아갈 길

도봉산 정기어린 미아골에 터를 잡아
무궁화 두어 송이 곱게 곱게 피어날 때
길어 온 오대양물로 성숙해진 인재人材여!

유불선儒佛仙 합일문화 난랑비에 새겨있듯
시서화詩書畵 삼절은 고아古雅한 한국의 얼
청진순淸眞順 향내가 난다, 품격마저 고결하다.

전통문화 이어나갈 전당개설 20주년
대학원과 전공 명칭 너댓 번 바뀌어도
민족혼 고이 살려서 숨 가쁘게 달려간다.

급물살 헤쳐가며 살려온 우리의 심지心志
빛처럼 빠른 현실 서슴없이 통과하여
전통을 등대로 삼아 4차산업 선도한다.

운정의 학창이념 우주를 밝히시며
"세상을 꿰뚫어보라 동방의 빛이 되라"
이르신 그 뜻 받들어 코리아에 빛이 되리

눈 떠도 뒤바뀌고 눈 감아도 뒤집히니
희망 찬 여명처럼 이 세상 빛이 되려
성신인誠信人 태양을 품고 결기結氣다져 나아간다.

*2019년 11월 30일 성신문화산업예술대학원 창립 20주년 기념일에

포
즈

산책길 돌틈에서 야생화가 미소짓네
소박한 듯 어여쁘게 고운 맵씨 뽐내면서
"카톡에 넣어주셔요 여러 친구 사귈래요"

살짝 웃는 고운 꽃이 카메라를 꽉 채운다.
구름도 슬쩍 피해 햇볕을 쬐게 하면
꽃향을 바람에 싣고 온 세계로 날아간다.

제3부

다 품
茶　品

나
드
리

차실에 가는 날엔 날개를 단 것처럼
몸과 맘이 사뿐하다, 마음속엔 차꽃 피고.
다향이 은은하구나, 하늘을 날 것 같다.

선녀가 내려왔네, 봉래에서, 천상에서.
차실은 차인들이 제 모습을 우리는 곳
'끽다거', '다선일여'도 한 잔 차에 들어있다.

죽로차 竹露茶

자정子正에 단 이슬이 대숲에 내리더니
미풍에 돌돌돌 옥구슬로 떨어지네.
그 죽로竹露 먹음은 찻잎이 명차로 다시 난다.

일창이기 곱게 따서 죽로차를 개발하신
다솔사 효당스님 차문화를 빛내셨네.
천수를 못하셨다니 아쉬움이 남는구나.

茶道無門

*일창이기一創二旗: 차나무에 새 잎이 아직 펴지지 않은 송곳같이 뾰족한 찻잎의 어린 모습을 일창이라 하며, 그 밑에 깃발처럼 펴진 어린 찻잎 두장을 이기라 한다. 고급차를 제조하는 찻잎이다.
*죽로차는 대나무잎에서 떨어지는 죽로를 머금은 일창이기의 찻잎으로 만들어서 그 맛이 맑고 향기롭다.
*작설차雀舌茶는 일창이기로 만든 차로 참새의 혀같이 작고 고운 고급차이다.
*효당 최범술 스님의 친필 "다도무문茶道舞門" 1977년 인연이 있어 다솔사를 방문하니 귀한 차를 따뜻하게 한 잔 주시며 "다茶로 가는 길에는 문門이 없다. 다로써 도道를 이루라" 하시며 남편에게 써 주셨다.

풋풋한 차향 茶香

노랑나비 흰나비가 봄볕 아래 팔랑이면
밭이랑 차싹들이 살몃살몃 눈을 뜬다.
무쇠솥 장엄한 산실에 차약이 익어가고

실습 마친 회원에게 나눠주신 차봉지 속
마른 찻잎 오손도손 어깨를 비벼대니
풋풋한 스승님 배려 차향으로 피어난다.

훈풍

오우정五友亭 연못가에 창포향이 싱그럽다
잎 그림자 카누 타며 금붕어는 노를 젓고
다식을 뿌려서 주니 너와 내가 하나되네

● 녹향연 綠香煙

화롯불 탕관에 끊이잖는 송풍소리
어목연주 등파고랑 가득한 녹향연에
꽃 피고 물이 흐르네, 현묘한 찻 자리여!

*어목연주: 물고기 눈처럼 생긴 구슬이 연달아 끌어 오르는 탕관
 속 물의 모습
*등파고랑: 탕관에서 물이 끓을 때 성난 파도처럼 넘실거리고 북
 치는 소리가 나는 듯 함을 표현한 것임
*백파거사의 발문
 초의 녹향연에 싸여 자욱한 향을 마시니
 곡우전 여린 움 금설인양 미동하네
 단산의 운간월만 손꼽힐손가, 만배의 뇌소는 천수를 가약하네.

다품 茶品

청향淸香이 천품天稟이라 마음을 맑게 하여
순향順香으로 인류를 순리 따라 다스리네
'이 뭣고' 근본을 찾아 진향眞香이 나선다

탐라 목련차

탐라에 남풍 불면 초목에 생기 돌아
청순한 사랑의 꽃 백목련이 눈부시다
신부여, 나의 님이여, 죽어서도 넌 내 사랑.

눈 내린 한라 정기 하얗게 받고 피어
순백의 고고함이 산정에 가득하다.
"천사가 예 와 있구나" 거룩한 천국이다.

그 모습 그 향기가 며칠만에 가고 나면
목련차에 취해서 목이 긴 사슴 되네.
바람아 전하여다오, 어서 빨리 오라고.

*목련차는 백목련으로 만든다. 색깔이 있거나 자목련은 독이 있어서 차로 만들지 않는다.

차벗
茶友

미소 짓는 우아함이 목련의 자태인가
찬바람 속 미풍인 양 매화향이 숨었어라
부덕은 국화향처럼 울타리를 아우르네

세한도 歲寒圖

외로운 초옥 한 채 날 바람이 옷 벗겼다
뻥 뚫린 저 구멍에 탐라바람 들고 나네
추사는 미역줄기로 연명하며 구년 살고

그래도 봄날에 튼 어린 찻싹 한 웅큼을
초의와 나누면서 명선茗禪을 써 선물하네
시서화詩書畵 삼절三絶의 달인 조선 문화 기틀이다.

중국을 왕래한 우선藕船의 책 선물에
답례로 그려 준 것이 바로 이 세한도
권세를 따르지 않는 그 심지心志를 칭찬하네.

*세한도: 조선 말기의 화가 추사秋史 김정희金正喜가 그린 문인화文人畵
*추사가 제주도 유배지에 있을 때 북경에서 귀한 책을 구해다 준 역관驛官 우선藕船 이상적李尙迪의 고마움에 그려준 그림
*세한도는 초라한 집 한 채와 송백 더댓 그루가 추위에 떨고 있는 모습이다. 추사는 유배전후를 막론하고 변함없이 대하는 상적에게 공자의 논어 한 구절을 떠올리며 이 그림을 그렸다. 세한연후지송백지후조歲寒然後知松柏之後凋 '겨울이 되어서야 소나무와 잣나무가 시들지 않는다는 사실을 알게 된다'라는 의미이다. 추사는 우선이야말로 공자가 인정했던 송백과 같은 사람임을 깨닫고 열악한 환경에서 줄 수 있는 것은 자신의 마음뿐임을 알고 이 세한도를 그려준 것이다.

답청 踏靑

두견새의 푸른 울음 일년 내내 퍼져나가
냇가에 산기슭에 메아리친 그리움이
삼짇날 진달래로 피네, 사랑의 환희여.

나비야 날아라 내 마음도 함께 난다
옥빛으로 솟아나는 바위틈새 다탕수는
마음을 정화시키는 우주의 바른 기운

행주치마 곱게 입고 삼삼오오 짝을 지어
살짝 지진 화전의 연분홍빛 아픔이
내 가슴 파고드네요, 따뜻한 다향 속에.

달빛차 茶

연꽃속에 안겨서 향기 깃든 찻잎은
달빛과 속삭이며 하늘을 향한다
날개에 연향 품고서 달나라에 가련다

연당은 고요하고 은하수 푸르른데
다향아 날아가서 토끼에게 전해다오
가슴에 달빛차 안고 은하수 저어 간다고

연화차 連花茶

연잎 위의 맑은 이슬 연지蓮池에 받아서
금설초섬禽舌初纖 숨겨놓은 연화차 우려내니
그 향기 퍼져나가네 붓다의 마음일세 (손님 1)

솔잎 끝에 달린 항해沆瀣 자기磁器에 받아서
송풍회우松風檜雨소리에 연화차 우려보세
찻잔에 가득 따르니 신령함이 넘치누나 (손님 2)

매화가지에 쌓인 눈 옹기甕器에 받아서
연화와 설매수가 어우러져 향기롭다
청한淸寒함 고결高潔하구나 매화꽃이 피었구나 (손님3)

태평양 큰 기운을 다기에 받아서

한국 다우 세계 차벗 다석茶席에서 화합和合하니

연향과 다향속에서 세계평화 이뤄보세 (손님 4)

천지天地의 순리順理를 이 몸에 받으니

자연과 인간이 하나가 되는구나

그 자리 현묘玄妙하구나 여여如如하다 여여해 (주인)

*외국인과 연화차를 마시며 손님4인과 주인이 돌아가면서 천지의 순리에 따라 세계의 화합과 평화를 기원하며 읊은 연시조連時調
*금설초섬: 참새 혀와 같이 작고 부드러운 어린 찻싹으로 만든 차를 말함
*송풍회우: 탕관에서 물 끓는 소리가 소나무와 전나무에 쏟아지는 빗소리 같다는 표현임
*항해: 깊은밤 중에 내리는 이슬의 기운. 도가道家에서는 이것을 마시어 수명修命의 약으로 한다 함

화려한 홍차

기대 부푼 모닝차는 활력 찾아 정오차로
마음 정리 이브닝차에 오늘 하루 보람 찾네
화려한 꽃향기 속에 밤홍차는 휴식일세

감로차 甘露茶

세모시 옥색치마 화문석花紋席에 자리하고
조롱박 흐르는 물로 감로차 달일 때
연꽃은 환히 웃으며 그윽하게 향을 품네

죽로와 어우러져 녹향연綠香煙 가득하니
다인의 정성이 색향미色香味로 머문 솜씨
한 잔 차 마신 마음에 꽃 피고 물 흐르네

선상船上의 다향茶香

금슬琴瑟과 인성人性의 줄 맞닿은 인연이여.
절절切切한 운율되어 뱃전을 파고들 때
배에서 우린 다향茶香이 구름 품에 안겨드네.

구름아! 봉래산에 안개비로 내렸다가
반기는 꽃가지를 살며시 끊어 안고
이 마음 전하여다오 사랑하는 내 님에게.

*배 위에서 다동茶童은 차를 달이고 주인이 차를 마신 후 거문고를 타고 있다. 이경윤1544~? 정영선 저, 한국차문화 316쪽

찻
싹

갓 태어난 어린 생명 무참히 죽어가며
손톱에 묻힌 피가 서서히 굳어가면
삼동을 이겨낸 정기가 사리되어 힘을 준다

차약
茶藥

산하山河정기 도톰하게 찻잎에 감춰두고

안개로 품었다가 서리로 단련시켜

응축한 진골사리가 눈부시게 빛난다

실화상봉 實花相逢

꽃잎으로 쓰다듬고 꽃술로 품어주며
서설瑞雪내린 차밭에 모자母子가 상봉할 때
갑자기 다람쥐 나타나 핏줄 물고 달아난다

된 서리와 눈보라를 견뎌낸 차 열매는
삼동과 춘설을 동생에게 물려주고
핏줄은 제살 같아도 품에 안겼다 떨어진다

박꽃과 나눈 얘기

함초롬히 이슬 젖은 박꽃과 사귀었다
초저녁 풀숲에 달빛은 고요한데
한참을 바라보니까 박꽃이 미소짓네

촉촉한 밤 공기속 박꽃과 나눈 얘기
너처럼 희고 고운 지도자가 되고 싶어
조롱박 되고 싶어요, 주인님 찻자리에.

제4부

명상차
冥想茶

바닷바람

산등성이 넘었어라, 너의 정기 보태려고.
너의 혼이 되었어라, 안개 낀 짠 바람이.
바다를 품은 찻잎이 사람 몸에 혼불 놓네

무궁화 다례

무궁화 모양으로 나눔다기 만들어
하늘 너머 바다 건너 다례를 행할 적에
은은한 차향기 속에 애국심이 솟구친다

끈질긴 뿌리 생명 순수한 꽃을 보라
백의민족 깊은 긍지 억만년 꽃 피우리
민족혼 굳은 심지$_{心志}$가 차향기에 피어난다

한국산 가루차에 강화인삼 갈아 넣어
끓인 물 부어서 차선으로 휘저으니
화합이 따로 없구나 온 우주가 한 몸일세

마음 속 밑바탕이 홍익인간 사상일세
넓고도 맑은 심성 온 세상을 밝히니
무궁화 피어나는 듯 향기로운 세상일세

모자
母子

흙과 불 장인 손에 전생 염력 들어 있나
관정스님 첫 만남에 연차를 공양하고
연다기 보시하였네, 상품상생 이루려나.

나라사랑 25시

무등산 차 만들고 홍익인간 현판 써서
관공서에 보내어 차문화를 함양하신
춘설헌 의제毅齋선생님 동양화도 그리셨네

게오르규 말하였네, 무등산의 신선神仙임을.
난향 깃든 선비 수염 하얗토록 수행했네
만고에 빛이 되시리, 차사랑 겨레사랑.

만년설차 萬年雪茶

이슬로 내렸다가 흰 눈으로 오다가
산허리 안개구름 만년설산 이루니라
덕장이 따로 있는가, 이곳이 적소適所일세.

얼었다 녹았다 일창 이기 단련되네
부처님 육년 고행 설산에서 득도하 듯
만년설 차밭이랑 속 찻잎이 몸살 앓네

신선이 마실거나 도인이 마실거나
봉래산 가려거든 만년설차 마시거라
흰구름 겨드랑이에 끼고 훨훨 날아 볼거나

*봉래산: 중국 전설에 나타나는 이상적 영산靈山인 삼신산(봉래산, 방장산, 영주산) 가운데 하나. 동쪽 바다 가운데 있으며, 신선이 살고 불로초와 불사약이 있다고 함.

*우리나라에서 금강산을 봉래산이라고 하며 영월, 영도, 부산, 고흥 등에도 있음. 사계절에 따라 부르는 금강산의 이름(봄: 금강산, 여름: 봉래산, 가을: 풍악산, 겨울: 개골산)

*조선시대 이목李穆이 차를 마시고 쓴 다부茶賦속 지혜를 보면 일곱잔의 차를 마시면 바람이 옷깃에 일고, 우러러보니 봉래산의 적막한 고요함이 가까이 있다고 했음.

* 중국 노동盧소이 선물 받은 차를 여섯 잔 마시고 나서 일곱 잔을 마실 것도 없이 겨드랑이에 날개가 돋아 청풍타고 봉래산에 가고 싶다고 하였음.

* 조선의 이목과 중국의 노동이 차를 마신 후의 느낌 비교

잔 수	이목李穆의 다부茶賦	노동盧소의 다가茶歌
한 잔	장이 기름져 깨끗해짐	목과 입술을 적셔 준다
두 잔	혼이 맑아져 신선이 된 듯함	외로운 고민을 달래 준다
석 잔	두통이 낫고 공자의 마음 같다	마른 창자 헤쳐주니 5000권이 배에 있네
넉 잔	웅장함, 호방함이 일고 근심과 분노가 사라짐	가벼운 땀을 내니 평생의 불평이 흩어지네
다섯 잔	색마가 달아나고 멱방귀신 사라지니 봉황을 채찍하며 하늘궁정으로 가네	기골肌骨을 깨끗하게 함
여섯 잔	해와 달이 한 치 내 마음이요. 만물은 거적대기, 하늘의상제께절 하노라	신령神靈을 통하게 함
일곱 잔	하늘 문 우러러보니 봉래산의 적막함과 고요함이 가까이 있네	겨드랑이에 날개가 돋고 청풍이이네

침선인針線人과 차茶

한 땀 두 땀 꿰매는 바느질 솜씨가
등잔불 아래서 여무는 시간 속에
첫 새벽 닭 울음소리 동녘을 울리네

저고리에 구색 맞춘 남끝동 자주고름
치마폭 여미고 앉아 차 마시는 단아함에
침선인 묘한 솜씨가 소록소록 피어난다

명상차
瞑想茶

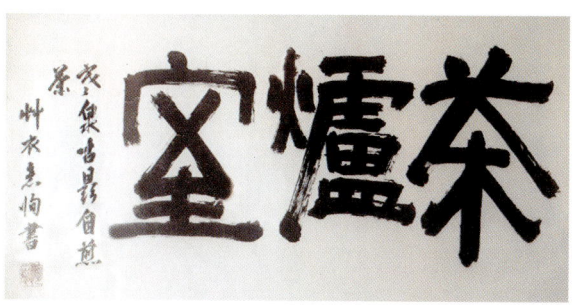

이른 새벽 우물에서 별을 떠다 차를 달여
고요히 눈을 감고 마음을 비웠더니
가슴 속 솟는 샘물에 둥근 달이 떠오르네

호_號 계당_{季塘}

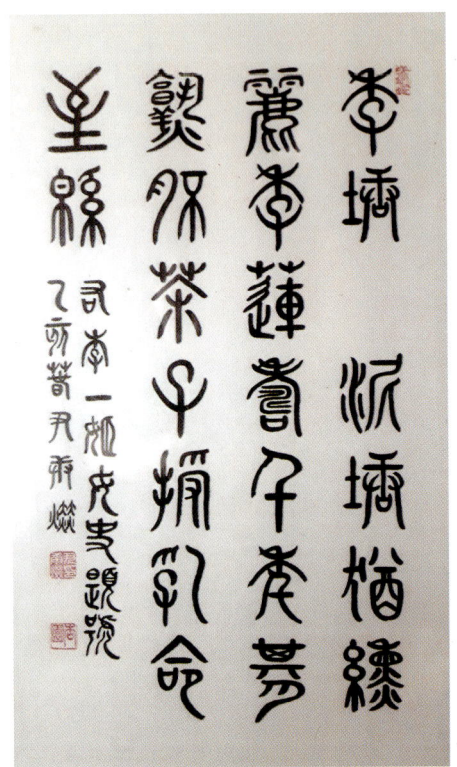

작은 연못 진흙 속에 연꽃이 피어나니
곱기는 분홍 비단 그 씨는 수명 천년
차씨도 그러하리니 면면綿綿하리다 연蓮과 차茶

죽군다기 竹君茶器

찻잔을 감싸주는 대나무 다함茶函은

고고한 성품으로 임금같이 귀한 존재

물과 향香 탐하지 않는 군자 중의 군자로다

*죽군다기: 대나무로 만든 찻잔을 보관하는 작은 함. 대나무는 향과 수분을 흡수하지 않으므로 찻잔을 보관하기에 적합하다.

다반사 茶飯事

아침 진지 잡수셨어요? 평범한 인사말

차 한 잔 마시고 가게, 중생제도 화두로다.

밥 먹고 차 마시는 일에 평상지도平常之道 들어있네

*다반사, 평상지도, 일상지도日常之道: 밥 먹고 차 마시는 평범한 일상이 바로 도道로 통한다는 뜻
*중국 조주선사의 끽다거喫茶去 "차나 한 잔 마시고 가게"는 일상에서 차를 한 잔 마시는 그 속에 바로 도가 있음을 말한 대표적 사례임.
*불법佛法이 무엇인지, 선禪이 어떠한 것인지 묻기 위해 먼 길을 찾아온 두 명의 구도자에게 똑같이 "차나 한 잔 마시고 가게" 한 것은 같은 차였지만 각자에게 그 맛과 향기가 달리 느껴지듯이 마시는 사람의 근기에 따라 자기가 자기 자신을 느끼며 수행하여 도에 이르라는 뜻임.

연화문 蓮花紋 백자항아리

흙과 불 사람손이 빚어낸 혼불이여
연꽃으로 정화된 물 감로수 되었다가
찻물로 승화되누나 만인을 맑혀주네

*일본 센다이 박물관에 소장된 정인석 미술학 박사의 도자기 작품

차실 茶室 성설당 盛雪堂

찻자리 명상瞑想터에 화두는 세계일화世界一花

눈꽃이 듬뿍 내려 온 세상이 맑아지면

세계가 하나가 되네 온 우주가 예 깃드네

*세계일화世界一花 : 차실 성설당에 있는 경봉스님의 친필
*성설당의 "성설"은 "은완리 성설銀碗裏 盛雪"이란 중국 선종의 고승인 파릉巴陵선사의 선어禪語에서 나왔다. 직역은 "은완에 하얀 눈이 가득 담겼다" 인데 은완흰색에 흰색눈이 담겼으니 구별이 안 된다. 즉 그 무엇에도 경계를 두지 말라는 말씀이다. 벽암록 제 1집 13측
*성설당 : 성신여대 김순진 겸임교수의 차실

가랑잎

땅화로에 불사른다, 시냇물에 내던진다.
임 향한 일편단심 가랑잎에 썼는데
매월당 속마음들이 아깝게 사라지네

풍운에 변치않는 산을 닮은 사람아
사물과 몸과 마음 모두를 잊으니
세상사 모든 만물이 한 잔 차에 녹아드네

*매월당梅月堂 김시습金時習은 단종을 지키려는 일편단심으로 그 충정을 가랑잎이나 통나무에 썼다가 지우거나 불에 태우거나 냇물에 띄워 흘려 보내며 마음을 달랜 차인이었다.
*세속에서 벗어나 독서와 바둑에 몰두하여 화초를 가꾸며 살았는데 그가 기른 화초에는 차나무도 있었고 그의 저서인 매월당 집에는 60여 수의 차시茶詩가 있다.
*조선시대의 생육신이다. 처참하게 사형된 사육신의 시체를 메고 한강을 건너 노량진 사육신 묘에 안장한 기개 높은 학자로서 불문과 유학에도 능통하다.

경포호에서

연꽃 속에 수줍은 듯 살포시 앉아서
별빛 속에 속삭이듯 연향을 머금고
운이가 돌아왔어요, 경포호 선상에.

찻잔에 어린 달빛 녹향에 머무르니
그대 눈에 비친 모습 청나라 심복인가
내 눈에 보이는 모습 고운 운이 같구나

*청나라의 가난한 선비 심복과 마음씨 고운 아내 운이의 차생활 하는 모습은 아름답다. 전날 이른 저녁 연못에 핀 연꽃 속에 차주머니를 넣으면 밤에는 연꽃이 오므라든다. 이른 아침에 꽃이 필 때쯤 꺼내어 남편에게 연향이 듬뿍 배인 차를 달여주는 심복의 아내 운이 모습을 상상하며 선상차회船上茶會를 가진 모습이다.
*임어당 선생이 세계 역사 속에서 가장 행복했던 사람은 심복이라고 말 할 정도이다.

다하 茶筍

붉고도 곱구나 다듬어진 섬섬옥수
한강의 수원지 금대봉을 잊었는가
주목 쪽 떨어진 흔적 언제인지 모르니라

바위 틈 자갈밭과 모래밭을 더듬어
걸렸다 흘렀다 몇백년을 수련했나
잔 물결 거친 파도 속 단물 짠물 다 마셨다

서해안 파도에 이리 철렁 저리 철컥
살려줘요 가녀린 소리 파도 타고 들려오니
눈썰미 깊은 차인茶人이 담뿍 들어 품었네

우긋한 그 모습이 자연스런 다하로다
차실茶室에서 간택되니 명차名茶향 우아함에
만인의 탄성 속에서 아픈 세월 잊는구나

파편 같은 너의 조각 알아줄 이 없었건만
뉘라서 왕비 대접 아니할 손 있다더냐
천년을 살아지이다 주목 수명 다 하리이다

가지 가지 명차 담아 다인 품에 안겨서
차향茶香을 전하리다 심성心性도 맑히리다
다품茶品을 닮은 다인茶人을 다실茶室에서 기르리다

*다하: 찻잎을 우려내기 전에 찻잎의 모양과 향기를 맡아보기 위한 감상용 용기. 다 우려낸 찻잎의 찌꺼기를 담아서 찻잎 상태를 관찰하는 용기

제5부

길 위에서

삼세지간 三世之間

천만년 된 깜깜한 방 백와트에 깜짝 놀라
한 순간에 환해지듯 과거 현재 묵은 때여!

들날숨
수행력 덕에
한 찰나에 사라져라

업장소멸

여름밤 하늘에 뜬 별님만큼 박혀있나
유성처럼 사라지는 흔적 없는 저 별똥별
지은 업 떨쳐버리자 저 별을 닮아가자

눈으로 볼 수 없는 크고 작은 업 덩이는
스스로의 힘으로 내 몰아야 떠나간다
들 날숨 몇날 며칠을 우주 속에 날렸느냐?

길 위에서

내려놓고 내려놓고 백팔 번 내려놓고
마음을 내려놓고 하늘을 우러르니
두둥실 흰 구름 가네 그 속에 내가 있네

세월 따라

가자 가자 그냥 가자 앞으로 그냥 가자.
누구를 만나든지 헤어질 운명인데
무덤덤 그냥 그렇게 놓아두고 가자 가자.

꽃 공양供養

화단에서 금낭화가 흰종 물고 향을 품네.
추녀끝 풍경 따라 한들한들 종 흔들며
초파일 소원을 담아 온몸으로 공양하네.

네 어찌 종을 달고 초파일에 피었는가
꽃 자태가 여운 주네, 말 못할 사정있는 듯.
쟁그렁 달그락 뚝딱 네 마음을 풀어보렴.

● 일상日常

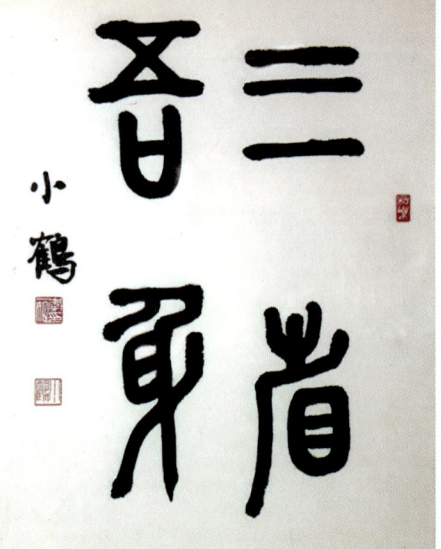

꼿꼿하고 단정하게 호흡하며 앉은 자리
높고 길게 멀리 넓게 온 우주를 향하여
내 영혼 맞아 줄 자리 쉬지않고 찾아가네.

*공자의 제자 증자가 자기 성찰의 방법으로 하루에 세 번 반성한
 다는 고사성어
*오일삼성오신吾日三省吾身
 · 위인모이불충호爲人謀而不忠乎: 일을 도모함에 충실했는가
 · 여붕우교이불신호與朋友交而不信乎: 벗과 사귐에 신의信義를 지
   켰는가
 · 전불습호傳不習乎: 전수받은 가르침을 익혔는가

타고 간다

요령이 찰랑찰랑 꽃상여에 흥 돋우네
꽃길 따라 천국 가서 평안을 누리라고
어깨에 메고 간 사람도 또 그 상여 타고 간다

천도
天道

달과 별은 하늘의 순리를 따르는데
사유하는 인간은 어찌해야 하는가
윤리와 도덕을 따르며 천도에 합일한다

친구여

한줌이 서러워라, 탑 아래로 뿌린 백설.
손에 낀 장갑마저 불 태우니 하늘가네
곤지암 탑 앞에 서서 생과 사를 초월한다

그리 하다네

지수화풍地水火風 뭉쳐서 이 몸이 태어났고
마음은 인연 따라 생기는 신기루다
두 물건 실체가 없네, 늘 그냥 그렇다네.

태어날 때

누구는 똑똑하고 어떤 사람 튼튼한 건
태어날 때 천지기운 받아 온 내 탓이다
인생길 살아 볼만 해, 내가 세상 주인 되면.

풍랑의 배

풍랑 만난 조각배 타고 생사를 윤회함은
못된 생각과 행동으로 고해에 빠져든 탓
번뇌와 망상을 벗고 사바세계를 벗어나자

*육도윤회六道輪回: 자신이 지은 업에 의해 여섯 곳(지옥, 아귀, 축생, 아수라, 인간, 천상)을 자동차바퀴처럼 돌고 도는 모습

삼생무한 三生無恨

이생 원한 연결고리 내생으로 갖고 가면
서로가 원수 되어 또 다시 원수 되네
이 뭣 고 끊어버리자, 내 마음을 씻어내자.

꿈속에서

기도를 깊게 한 날 구름에 뜬 그네가
내 앞에 내려오네, 그 옆에 선녀 있고.
아늑한 분위기 였어, 타려하다 눈을 떴네.

아직도 멀었구나, 내 정성이 부족했네.
성냥불도 힘 있게 그어야 불이 붙듯
최선을 다한 기도라야 선녀가 안내할 걸

지구에 온 별

지구에 다녀오라 어느 누가 지시했나
평소에 우러르는 북두칠성 일곱 별 중
제일 큰 별이 실거야, 밤길 갈 때 날 비추던.

참 나를 찾노니

세상에서 곱고 예쁜 다기 모아 찻상 차려
갖가지 맛난 다식 손님들이 환희롭네
차 한 잔 맘에 익혀서 "이 뭣 고" 나를 찾네

흐름 속에서

이 구름 저 구름 산골 물도 흐른다
내 걸음 여기저기 왔다갔다 헤매다가
세월이 흐르는 속에 잡은 것은 내 마음

수행자

꽁꽁 맨 괴나리 봇짐 허공에 풀어놓고
가볍게 나는 듯이 산비탈을 내려오네

내 본향
가족들에게
깨달은 것 나눠 주네

가고 오는 세월

해와 달을 품어 온 지 일흔 해가 넘었구려
달 뜨는지 해 지는지 엉겁결에 흐른 세월
이제사 명확히 세면 오는 세월 길어질까

하
늘
과
나

하늘엔 해와 달이 여여하게 뜨고 진다
사람의 마음에는 시비곡직 생몰하네
해와 달 변함이 없듯 사람아 하늘을 닮자

함께 가자

마음과 세상 법이 일치하면 되는 거야
태고부터 그것이 법이고 삶이야.
엉뚱한 놈들이 많아, 그런 것도 감싸야 해.

등산길은 수행의 길

산꼭대기 올라가다 산등성이 넘어보고
내려오는 산자락엔 산골짜기 있음에랴
선녀탕 거기 있었네 옥수에 허물 벗네

눈 감고 기도 중에

흰 눈인가 서리인가 맑은 빛 고요하다
온 천지가 하얗구나 상쾌한 기분이다
마음이 맑아지면서 밝은 빛 스며드네

갈 곳을 찾아서

언제까지 나, 지구에 머무를 것인가?
섬광같이 지나갔네, 칠십 넘은 이 내 몸.
안식처 찾아야겠다, 저 우주를 향해서.

안과 밖

마음 밖 수런거림 쇠귀에 경 읽기다
맑디맑은 마음으로 차분히 호흡하면
한 순간 밝은 경지가 내 앞에 번쩍하네

사
라
졌
네

해당화 고운 향이 소녀 마음 뒤흔들고
벌 나비 한가롭던 내 어머니 사시던 곳
"음메에" 어린 송아지 논두렁에 아직 사네

공장이 들어와서 일가친척 쫓아내고
우물가 불도화도 안타깝게 떠나갔네
어릴적 날 키운 고향 어느 곳에 살고 있나

변화무쌍 變化無雙

이슬과 비 눈과 구름 생겼다가 사라지듯
일월성신 日月星辰 수억년 후 이 역시 변한다네
그래도 영혼은 산다, 영성 맑혀 영원히 살자.

뭘 찾소?

나무상자 밖으로 한쪽 발 내밀면서
들날숨 들락날락 코앞에서 임종할 때

네가 부처야!
네 맘속을 뒤져 봐!

참 나는 어디에

세상사는 꿈과 물거품 이슬과 번개다
인간들아 무자화두 無子話頭 꽉 잡고 놓지마라

참 나는
영겁 속 찰나에
숨통을 달고 산다

스
승

수행의 성공 여부가 어디에 있는고
손바닥을 뒤집으면 손등도 손이듯

마음의
안팎에 있구나
해와 달이 스승이다

인연

사람이 살다가 자연으로 가는 거야
흙이 되든 하늘에 가든 인연 따라 가는 거야
또 다시 돌아온다면 무엇이 되든 인연이지

준
비
하
자

지구에서 세 시간의 하루살이 한평생은
하늘에서 내려다 본 인간 백년 찰나 같네
들날숨 쉬는 동안에 영생의 길 준비하자

도산서원 道山

알곡을 등에 지고 수백리 길 오신 님아
석달 열흘 책례에 백일홍이 피어나네
스승님 퇴계 가르침 세계사에 빛난다

천지운행이 바로 시계

꼬끼오! 홰를 치니 인간 시계 다시 간다
원단元旦에 솟는 해가 한 해를 끌고 나와
달님은 별을 데려오니 천지인天地人이 바로 너다

논두렁

논두렁 길 들어서면 누런 벼가 넘실넘실.
메뚜기가 폴폴 나네, 반갑다고 이리저리.
논바닥 물속에서는 미꾸라지 꿈틀꿈틀

너희들 논 속에서 실컷 먹고 자라거라
나는야 울 아버지 타작한 쌀 냠냠 먹지
잡아 낸 큰 가물치는 시집 간 언니꺼야

| 평설 |

차 밭에서 만난 청학靑鶴의 고운 노래

김흥열
(사)한국시조협회 명예 이사장

I

　소학小鶴 선생의 시조집 『길 위에서』를 읽으면 첫 새벽 차밭에서 이슬을 먹고 노는 청학靑鶴을 만날 것 같은 느낌이 든다. 그 청학靑鶴은 속세에 살지 않으며 오직 이슬만 먹고 살 것 같다. 널찍한 바위에는 아마도 신선이 내려와 맑디맑은 감로를 받아 차를 우려내고 있을지도 모른다. 왜 이런 느낌을 받느냐 하면 물론 소학선생은 차의 연구로 박사학위를 취득하기도 했지만 한 마디로 시인의 마음결이 매우 곱기 때문이다. 이 시인의 차 문화에 관한 작품을 읽다보면 그 깊이가 대단하다는 것도 새삼 알게 된다. 이런 점에서 소학시인은 교양과 지식과 덕과 인자하고 자상한 인품까지 겸비한 한국의 대표적 여인상을 떠올리게 한다. 시詩는 그 사람의 영혼이며 향기이다.

시인의 전통적이며 보수적인 아정雅正한 노래는 아주 자연스럽다. 요즘 시조 작품을 창작하는 시조시인들은 "영향의 불안"으로 파탈擺脫을 통하여 자신을 드러내려는 경향이 허다함에 비추어 볼 때 소학 시인은 전통을 고수하는 보수적 시각으로 작품을 엮어내고 있다. 또 시인의 동양사상을 토대로 한 무위의 미학은 "고기토 에르고 숨 나는 생각한다. 고로 나는 존재한다."이라는 데카르트의 말을 생각나게 한다.

이런 점에 비추어 볼 때 외모에서 풍기는 단아하고 고운 여성다움은 작품과 잘 매치match되고 있으며 「길 위에서」라는 책의 제목 또한 많은 생각을 갖게 한다. 사람은 나이가 들어가면서 오히려 삶이라는 길에서 더욱 방황하는지도 모른다. 누구나 길을 가면서 그 길이 자아를 찾아가는 올바른 길인지 한 번쯤은 고민을 한다. 길 위에서 길을 찾는 어리석음을 반복하며 살아가고 있는 것이 우리 삶의 참 모습인 것 같다.

우리의 삶은 선택의 연속이라고 누군가 말한 기억을 되살려 내면 어느 한 순간도 선택을 하지 않고 우연히 이루어진 일은 하나도 없는 것 같다. 그 선택은 결국 본인이 하는 것이지만 그가 선택한 길 위에서 후회하거나 갈등을 느껴 본 적도 한두 번은 있을 것이다.

　길 위에서 길을 찾는 우둔함이 인간에게는 선천적으로 내재되어 있다는 생각도 해보지만 역설적으로 이런 우둔함 때문에 인류의 역사는 계속 발전해 왔는지도 모르겠다. 요즘처럼 사이버리즘에 자아를 상실해 가고 세속적 욕망에 찌들어가고 세대 간의 갈등, 사회 문화적 갈등이 심화되어 네 편 내 편 가르기, 즉 이분법적 사고가 팽배한 시대에, 앞으로 또 선택하고 가야만 할 자신의 길을 옳게 발견하고 무엇을 어떻게 할 것인가에 대한 방향성과 화두를 던져 주는 책이 바로「길 위에서」가 아닐까 한다.

　고시조를 보면 선비들의 국가관이나 도덕적 관념, 즉 충효에 대한 방향 제시가 분명하다. 마찬가지로 현재를 살아가고 있는 현대 시인일지라도 사회적 책임 역시 막중하다 고 하겠다. 물론 시조도 언어의 예술이니 만큼 예술성을 중시해야겠지만 사회적 책임 역시 무시해서는 안 된다고 본다.

　시인의 서정성과 사회성이 잘 어우러질 때 그 작품은 별빛처럼 빛나게 되고 많은 독자들의 사랑을 받게 될 것이다. 꽃의 아름다움만 보는 것이 아니라 꽃의 미소까지 볼 수 있는 눈을 가지고 있으며, 꽃의 향기만 맡는 것이 아니라 꽃의 속삭임까지도 들을 수 있는 귀를 가지고 있는 이는 바로 시인詩人일 것이다.

　필자가 알기로, 소학시인은 시조창작에만 재능이 있는 게 아니라 "한국걸스카우트" 부총재와 "한일청소년문화교류" 단장을 역임하는 등 나라간의 문화교류를 통하여 청소년들의 국제적인 안목을 넓히고 세계 속의 청소년으로 성장하여 인류공영에 이바지 할 수 있도록 지도해 왔으며 사회 봉사활동에도 남다른 열정을 불태운 분이다. 학처럼 가냘픈 이미지에도 불구하고 어디서 그와 같은 뜨거운 열정이 분출하는지 알고 싶고 배우고 싶다.

본 작품집「길 위에서」는 총 5부로 짜여 있다. 한수 한수가 아침이슬처럼 맑고 순수하다. 글은 그 사람의 마음을 나타내는 그림이라고 하는 말이 있는데 소학 선생의 작품은 아마 이 말에 딱 들어맞는 표현 같다.

II

다 아는 바이지만 시조는 자유시와는 다르게 정형성을 요구받는 문학 장르이다. 동 시조同時調의 특성을 감안하면 어느 한 편도 이에 어긋나거나 자유시 같다는 느낌을 주는 작품이 없는 것은 그만큼 정도正道를 소중히 생각한다는 시인의 마음이 고스란히 드러난 것이라 여겨진다.

돌단풍 한 쪽 떼서 아버님이 주신 화초
이른 봄 제일 먼저 화분에서 싹을 내면
솔솔솔 생명의 힘이 가족에게 전달된다.

근면하라 이르시는 말씀이 되살아나
돌단풍 주신 뜻을 이제야 듣고 있다.
이십 년 묻은 숨결을 집안 가득 채우리다.

〈돌단풍〉 전문

'돌단풍Aceriphyllum rossii'은 쌍떡잎식물 장미목 범의귀과에 속하는 다년생초이다(동아세계대백과사전, p470, 1990). 냇가의 바위 겉이나 바위틈에서 자라며, 이른 봄에 희거나 담홍색의 꽃이 피고 단풍나뭇잎처럼 생긴 잎이 달린다고 해서 돌단풍이라 한다. 가을에 노란색으로 단풍이 들면 은행잎처럼 곱고 아름답다. 오래된 나무등걸이나 뿌리 또는 괴석에 붙여두면 잘 자라며 봄에는 꽃을, 가을에는 단풍을 즐길 수 있다. 시인은 이 '돌단풍'에서 아버지의 체취를 느끼고 있다. 그 체취는 바로 그리움이다. 사람은 누구나, 아무리 나이가 들어도 부모에 대한 그리움은 지우지 못한다. 봄마다 새로 돋아나는 생기는 곧 가장인 아버지의 책임처럼 가족에게 힘을 주고 용기를 주고 희망을 준다. 그래서 시인은 그 화초로부터도 아버지의 음성을 들을 수 있고 아버지의 모습을 발견하기도 한다. 이것은 시인의 감성이 아니면 도저히 들을 수 없고 발견할 수 없는 능력이다.

아마 분주한 삶 속에서 한동안 잊고 살던 차에 어느 날 '돌단풍'에 눈길이 머무는 순간 아버지의 음성을 재발견하기까지 어느새 20년이라는 세월이 꿈결처럼 지나갔을 것이다. 아버지는 집안의 대들보이며 기둥이고 묵묵하지만 사랑으로 가득한 심장을 지니고 사는 분이다. 아버지께서 '돌단풍'을 남겨주신 그 이유를 이제야 발견하고 그 깊은 정을 새삼 느끼는 시인의 감성 역시 후손에게 그대로 전달되어 대대로 화목한 가정을 꾸릴 것이라는 확신을 갖게 하는 작품이다.

우리는 종종 시조는 독자에게 던지는 메시지가 있어야 한다고 말한다. 이 작품을 읽으면 가족 간의 사랑, 부모에 대한 공경, 역경을 이겨내는 인내, 그리고 삶에 대한 희망을 느끼게 된다. 다음 작품을 읽다보면 "학鶴"은 자신의 표현이다.

　　태양에 태운 열정
　　희고 맑은 학 한 마리

　　하늘로 비상할 듯
　　자태가 고결하다.

　　연향이 퍼질 것 같다, 옥소리로 우는 날엔.
　　　　　　　　　　　　〈백련白蓮〉 전문

이 작품을 읽으면 소학시인의 얼굴이 떠오른다. 원래 연꽃은 불교와 깊은 연관이 있다고 한다. 진흙 밭에서 연꽃이 피는 과정이나 깨달음을 얻고 부처가 되는 과정이 비슷해서 그렇기도 하지만, 석가모니가 마야부인의 옆구리에서 태어나서 일곱 걸음을 걸을 때마다 연꽃이 피어났다고 할 정도로 신성시 하는 꽃이다. 이런 연유에서 연꽃하면 불교의 상징이 되었지만 비록 불자가 아니라도 연꽃을 보면 마음이 청결해지는 느낌을 받는 것 또한 사실이다.

연꽃은 소박함, 순수함, 청초함 등의 이미지를 갖는다.

한편 첫수 초장에서 "태양에 태운 열정 희고 맑은 학 한 마리"라고 백련을 학에 비유하였다. 학鶴이라는 동물도 선학仙鶴이라 하여 신선이 타고 다니는 새라고 여길 만큼 신성한 동물로 여겼으며 장수의 대명사처럼 쓰이기도 한다. 연꽃도 신성하고 학도 신성하다. 어느 것이 더 신성한지는 모르겠으나 연꽃은 여성다움을 나타내는 이미지가 더 강하다.

여기서 연꽃도 화자요, 학도 화자이다. 종장에 "연향이 퍼질 것 같다, 옥소리로 우는 날엔."이라고 한 표현은 정말 절창이다. 학이 옥소리로 우는 날 연꽃 향이 온 누리에 가득해질 것이라는 메시지는 부처님의 자비가 온 누리에 두루 퍼져 인간사회가 천국이 될 것이라는 희망의 표시이다. 중장에서 시인이 밝힌 하늘로 비상한다는 말은 부처가 계시는 극락에 가서 말씀을 받아 오고 싶다는 희망의 표시이지만 연꽃이나 학처럼 마음결이 곱고 순수해야만 부처의 세계로 들어 갈수 있다는 불심의 표현이기도 하다. 그래서 학이 우는 날, 그것도 옥소리로 우는 날 연꽃 향기가 온 누리에 고루 퍼진다고 말하고 있다. 이런 작품을 형상화한 시인의 마음은 이미 천국에 와 살고 있는 것은 아닐까?

수양버들 하늘대고 소녀 마음 살랑댄다.
연초록 생의 환희 단발령에 무너진 길
자전거 씽씽 달리네, 새 세상을 만난 듯.

꿈꾸는 앳된 사랑 미풍에 봄을 싣고
비단 같은 머릿결을 창공에 날릴 때면
원앙도 시샘하듯이 양재천을 유희하네.

〈양재천 길〉 전문

이 작품을 읽으면 동심의 세계로 돌아가게 된다. 말은 마음의 향기이고 글은 마음의 그림이라고 했는데 이 작품은 소학시인의 어린이 같은, 또는 열여섯 소녀 같은 티 없이 순수한 마음을 잘 반영하고 있다. '소녀 마음이 살랑댄다.'라는 표현에서 시인의 마음을 엿볼 수 있기 때문이다. 둘째 수 초장에서 "꿈꾸는 앳된 사랑 미풍에 봄을 싣고"에 보이듯이 '앳된 사랑'은 정말 순수하고 청순한 사랑일 것이다. 그 사랑을 봄날의 미풍에 싣고 달려가는 마음은 아름답다. 이 세상에서 가장 아름다운 것은 순수함이다. 꾸밈없는 그대로의 모습보다 더 아름다운 것이 있을까? 이름도 알 수 없는 작은 들꽃 하나에서 발견되는 순수함 같은 것 그런 마음을 시인은 지니고 있다.

이런 순수한 소녀 같은 마음으로 양재천을 내달리면 원앙새마저도 시샘을 할 정도로 아름다운 광경이 눈앞으로 다가온다. 원앙의 다정한 모습을 사람들이 닮고 싶어 "원앙 같은"이라는 비유를 하는데 시인의 눈에는 오히려 원앙이 자기들을 모델로 삼고 있는 사람들을 시샘한다고 했으니 얼마나 순결하고 다정하기에 이런 표현을 했을까?

이런 미적 심미안은 시인의 감성에서 비롯되는 것이다. 시인은 마음의 눈을 달고 산다. 이 마음의 눈은 아무리 4차원의 산업이나 정보화된 사회에서, AI도 발견해 내지 못하는 눈이다. 이 소녀는 80이 되어도 변하지 않는다. 다음 작품에 그 마음을 슬쩍 귀띔해 주고 있다.

팔십 된 고령 선비
밤과 은행 심었더니

십년 후 열매 달려 후손들과 나눈다네.

내 목숨

내일 다 해도 오늘 씨를 뿌린다

　　　　　　　　　　〈아흔 살에〉 전문

　네덜란드의 철학자 스피노자는 말했다. '내일 지구의 종말이 온다 하더라도 나는 한 그루의 사과나무를 심겠다.' 철학자가 한 말이나 지금 시인이 하고 있는 말이나 다를 바가 전혀 없다. 나이가 들어도 마음은 언제나 청춘이며 철학자의 사상과 같다. 시인의 이 마음은 '내일 내가 죽는다 해도 오늘 나는 시 한편을 쓰겠다.'라는 커다란 메시지를 독자에게 전하고 있다. 시인에게 있어 생물학적인 생명은 큰 의미가 없다. 철학자에게 있어 생명이란 물음표로 끝나지만 시인에게 있어 생명은 아름다운 꽃 한 송이를 발견하고 그냥 기뻐하고 행복해 하는 '한 순간의 마음만이 존재할 뿐이다.'라고 말한다면 지나친 말일까? 시인은 죽음이 임박한 순간에도 오직 아름다운 시 한 편을 남겨 독자들에게 행복을 선사하고 싶은 마음뿐일 것이다.

　시인은 그 많은 과일나무 중에서 왜 하필이면 "밤나무"와 "은행나무"를 심으려 했을까? 밤나무는 묘목에서 열매가 열리기까지 3-4년이면 충분하다. 밤은 종합비타민이다. 그만큼 영양이 풍부하다. 반면에 은행나무는 보통 10년 이상 되어야 첫 수확을 할 수 있다. 그러나 은행나무의 수명은 보통 5-6백년은 된다.

　여기서 시인의 마음이 드러난다. 팔십 고령에도 수확을 빨리

할 수 있는 밤을 먹으며 영양을 섭취하고 은행나무처럼 오래 살고 싶다는 소망에서 '밤'과 '은행'이라는 보조관념을 도입한 것은 아닐까. 그렇기 때문에 종장에 가서 죽음을 초월해 이 나무들을 심고 싶다고 고백하고 있는지 모르겠다.

  새벽녘 닭이 울 때 가마솥 여는 소리
  솔향 기득 광주리에 송편이 보드랍다
  내가 딴 뒷동산 솔잎 그 향기 진동하네

  소당 뚜껑 뒤집어서 들기름 발라가며
  지져낸 빈대떡엔 막걸리가 제격인데
  설탕 탄 모주는 내 것, 할머니가 주셨지.
  휘영청 둥근 달이 뒷동산 솔숲 지나
  서산에 기울 때에 잠깐동안 눈 붙이고
  외양간 워낭소리에 눈 뜨시던 어머니
          〈고향 생각〉 전문

  향수는 누구나 지니고 사는 아름다움이다. 수구초심首丘初心이라고 여우도 죽을 때는 머리를 제가 살던 굴 쪽으로 두고 죽는다고 한다. 하물며 사람에게 있어 고향은 어머니 같은 존재이다. 그래서 정완영 선생께서도 "고향에 내려가니 고향은 거기 없고/ 고향에서 돌아오니 고향은 거기 있고/ 흑염소 울음소리만 내가 몰고 왔네요.//" 라고 고향을 노래 한 바 있다.

고향 노래, 고향 이야기는 끝도 없이 이어진다. 향수가 없는 사람은 어머니가 가슴속에 살고 있지 않은 것과 다르지 않다. 나를 키워준 고향의 중심에는 언제나 어머니가 계시기 때문이다. 눈감으면 고향은 늙지도 않는지 옛 모습 그대로 나에게 다가와서 말을 건다.

누군가 이런 말을 했다. "고향은 사람을 낳고 사람은 그 고향을 빛낸다." 우리는 모두 어머니를 빛내고 고향을 빛내기 위해 살고 있는지도 모르겠다. 시인은 지금 워낭소리를 듣고 있는데, 정완영 시인은 흑염소 울음소리를 듣고 있을 뿐이다. 고향을 그리는 마음은 차이가 없다.

시인은 이 작품에서 시적 비유나 상징을 도입하지 않고 그 정경을 그림 그리듯 설명하고 있는데 이처럼 서정적인 시는 오히려 독자에게 빠른 감정이입을 시키기 위해 소통의 잠금장치를 풀어 놓는 것이 좋을 때가 종종 있다. 첫 수와 셋째 수에서는 어머니를, 둘째 수에서는 마냥 너그러운 할머니를 떠올리며 시인의 눈가에 아침 이슬이 맺혔을 것 같은 상상을 해본다.

아버지 흘리신 피가 가슴을 울립니다
거머리가 빨 던 피가 승화된 학자금이
한평생 날 키워 냈음을 이제야 깨닫는다.

인자하신 눈매 속에 아픈 속내 다 감추고

자식을 키워 내신 그 정을 못 잊어서
하 세월 지난 뒤에도 눈시울이 젖습니다.
〈어찌 하오리이까〉 전문

   소학 선생은 아버지에 대한 사랑이 남다르다. 누구나 어머니를 사랑하고 아버지를 사랑하고. 돌아가신 다음에는 그 그리움을 가슴에 품고 살아가게 마련이다. 그러나 아버지의 피가 학자금으로 승화될 만큼 그 사랑은 애틋하다. 첫수 중장은 언어의 조합을 새롭게 만들어 내어 독자로 하여금 신선미를 느끼고 가슴을 뭉클하게 만든다. 부모에 대한 사랑이 참 사랑임을 깨닫기 까지는 꽤 오랜 시간이 걸리는 것은 누구나 비슷할 것이다. 대개는 살아계신 동안에는 부모의 당연한 도리나 책임으로 생각하다가 이 세상을 하직한 다음에야 비로소 그 사랑이 참사랑임을 깨닫고 불효를 뉘우친다. 이미 정성을 다해 효를 하기에는 뒤늦은 후회가 되지만.
   종장 역시 평범한 문장에 지나지 않는 것 같으나 그 행간에 박힌 메시지는 가슴을 찡하고 울린다. 서정주 시인은 "자화상"이라는 작품에서 자신을 키운 것은 팔할이 바람이었다고 고백한 바 있다. 마찬가지로 소학 시인 역시 거머리에게 내준 아버지의 피가 자신을 키웠다고 생각하고 있다. 시인이 아니고서는 발견할 수 없는 심안이다. 둘째 수에서 아버지의 미소 속에 감추어진

아픔을 시인은 이제야 발견한다. 이런 현상은 비록 소학시인에게만 국한된 일이 아니라 자식이라는 이름을 지닌 모든 이에게 해당되는 말이 될 것이다. 부모의 아픈 상처도, 눈물도, 심지어 죽음까지도 인자한 미소로 포장이 돼 있어 그 미소 속에 숨겨진 진실을 늦게야 발견한다. 시인의 이런 애틋한 부정父情이 배어있는 작품이라 하겠다.

> 자정子正에 단 이슬이 대숲에 내리더니
> 미풍에 돌돌돌 옥구슬로 떨어지네
> 그 죽로 머금은 찻잎이 명차로 다시 난다.
>
> 일창이기 곱게 따서 죽로차를 개발하신
> 다솔사 효당스님 차문화를 빛내셨네
> 천수를 못하셨다니 아쉬움이 크구나
>
> 〈죽로차〉 전문

시인은 왜 자정子正의 단 이슬로 죽로차를 우려내고 있을까? 자정子正은 하루의 끝 시간이기도 하지만 새로운 하루를 시작하는 첫 시각이다. 자정에는 천지만물이 고요하다. 오직 하늘의 숨소리만 들리는 시간이다. 즉 고요의 절정을 이루는 시각이 자정일 것이다. 고요하다는 것은 태초의 시각이다. 오염되지 않는 가장 순수한 시각이 자정이라는 의미에서 그 시각에 맺힌 이슬을 받으면 하늘의 기를 더 많이 받아 효험이 더욱 클 것이라는 생각의 지배를 받는다. 이런 물로 이슬을 먹고 자란 찻잎을 우려내야 속세에 찌든 때가 자정自淨될 것이라는 순수한 믿음 때문이 아닐까 한다.

둘째 수에서는 찻잎을 마구 따는 것이 아니라 곱게 딴다고 했다. 곱게 딴다는 의미는 예쁘게 딴다는 말이 아니라 정성을 기울여 좋은 것만을 골라 딴다는 뜻이니 지성至誠이면 감천感天이란 말은 여기에도 작용된다. 하늘도 이 지극한 마음을 외면하지는 않을 것이다.

    무궁화 모양으로 나눔 다기 만들어
    하늘 너머 바다 건너 다례를 행할 적에
    은은한 차향기 속에 애국심이 솟구친다

    끈질긴 뿌리 생명 순수한 꽃을 보라
    백의민족 깊은 긍지 억만년 꽃 피우리
    민족혼 굳은 심지心志가 차 향기에 피어난다

    한국산 가루차에 강화 인삼 갈아 넣어
    끓인 물 부어서 차선으로 휘저으니
    화합이 따로 없구나 온 우주가 한 몸일세

    마음속 밑바탕이 홍익인간 사상일세

넓고도 맑은 심성 온 세상을 밝히니
무궁화 피어나는 듯 향기로운 세상일세
〈무궁화 다례〉 전문

차와 애국심은 어떤 관계인가? 시인이 거닐고 있는 무궁화동산으로 들어가 본다.

무궁화는 우리나라의 꽃이요, 그 상징성은 꽃의 단아함과 끈기가 우리 민족의 향기와 같기 때문이다. 우리는 깨끗함을 좋아하여 예로부터 백의민족이라 일컬었다. 순박하고 순수하지만 그 인내심이나 남을 배려하는 넓은 마음, 끈기 있는 민족성이 무궁화와 너무 닮았다고 생각하기에 시인은 다기茶器마저도 무궁화 모양을 선택하고 그 차향의 깊이와 민족의 마음 깊이를 대비시키고 있다. 즉 차향에서 민족혼을 느끼는 시인의 심상을 잘 그려내고 있다. 홍익인간은 단군성조께서 택하신 건국이념이며 우리나라 교육이념이기도 하다. 요즘처럼 출세심에 불타는 이기심만 존재하는 땅에서 반만년 전의 홍익인간을 새삼 부르짖는 것은 이타심으로 살아가면서 이 땅에 진정한 사랑과 평화를 이룩하고 싶다는 시인의 소망 때문일 것이다. 요즘 세상 돌아가는 것을 보면 정말 대한민국의 진정한 정체성이 무엇인지 혼란스러울 때가 종종 있다. 이에 대한 경각심을 불러일으키고자 일갈을 하고 있는 시인의 속내를 엿볼 수 있다.

네 수로 된 연시조이면서도 어느 수하나 흐트러짐이 없고 시조의 정형성을 잘 유지하고 있음은 물론이고 독자에게 전하는 메시지 또한 강한 작품이라 하겠다.

이른 새벽 우물에서
별을 떠다 차를 달여

고요히 눈을 감고
마음을 비워내면

가슴 속 솟는 샘물에 둥근 달이 떠오르네.
〈명상차瞑想茶〉 전문

초장부터 마음을 들뜨게 만든다. 우물에 빠진 별을 떠다가 찻잎에 넣고 함께 끓여 마시면 하늘나라의 신비가 보일 수도 있겠다. 그런데 이 우주의 신비는 눈을 감고 명상을 할 때만 가능하다.

또 마음까지 비워 내야 한다. 태초의 세상에서 떠오르는 가장 원초적인 작품 중 하나인 달이 가슴에 떠오른다고 했다. 사람의 마음은 곧 우주이다. 그러니 달 하나쯤 띄우는 것은 별 것도 아니다. 시인은 이 작품을 통하여 신과 대화도 하고 별나라에도 가 보고 우주도 날아보고 한다. 이 역시 시인만이 누릴 수 있는 특

권이다. 단시조이면서도 깊이가 있고 특히 문장 구성이 뛰어나서 물 흘러가듯 한다. 초장, 중장, 종장, 독립적이면서 연결성을 잘 유지 할 뿐 아니라 독자에게 행간에 숨긴 말뜻을 찾아보라고 요구하고 있다. 명상차를 마시는 것만큼이나 문장이 고요하다. 물은 흘러가되 소리가 없다. 작품자체가 명상차이다.

　　내려놓고 내려놓고
　　백팔 번 내려놓고

　　마음을 내려놓고 하늘을 우러르니

　　두둥실 흰 구름 가네, 그 속에 내가 있네
　　　　　　　　　　　　　　〈길 위에서〉 전문

　시인이 왜 〈길 위에서〉 방황하고 있는지 그 이유를 이제야 찾아냈다. 사람의 욕망은 우주를 다 담고도 모자라서 자꾸 더 담으려 한다. 그러나 시인은 이제는 비워야 된다고 외치고 있다.
　비우지 않으면 터질 것이다. 내려놓지 않으면 짓눌릴 것이다. 이 작품은 얼핏 보기에 시조에서 요구하는 간결성이 없는 것 같지만 이보다 더 간결할 수는 없다. 내려놓기만 하면 깃털처럼 가벼워져 날아갈 수 있다. 여러 말이 필요 없다. "내려놓기만 하면 된다"

인간이 지니고 있는 108개의 번뇌를 내려놓기만 하면 모두 해탈한다.

"견도소단혹見道所斷惑"이라는 말과 상통하는 말이다. 인간의 번뇌는 지금 제 생각이 잘못된 것인 줄만 알아도 곧 없어지는 번뇌이며, 옳게 보기만 해도 해탈된다는 번뇌이다.

중장에서 '하늘을 우러르니' 종장에서 '흰구름 간다.'라고 아주 평범한 말을 하고 있으나 여기게 큰 뜻이 숨겨져 있다. 성철 스님이 '물은 물이요, 산은 산이로다.'라고 선문답을 하셨는데 지금 시인은 이 짧은 한 세 줄의 글에서 독자와 선문답을 하고 있는 것이다. 인간도 자연이다. 자연은 본래의 모습이다. 그런데 인간은 108번뇌로 인하여 가짜 모습으로 살고 있다고 본 것이다. 내려놓을 때, 비워 낼 때 비로소 인간 본연의 가장 아름다운 신적 모습이 보이게 될 것이다.

독자는 누구나 이 작품을 음미하면서 마음이 새털처럼 가벼워지며 명상 속에서 자신의 진정한 자아를 들여다 볼 수 있게 되리라 믿는다.

> 해당화 고운 향이 소녀 마음 뒤흔들고
> 벌 나비 한가롭던 내 어머니 사시던 곳
> "음메에" 어린 송아지 논두렁에 아직 사네.
>
> 공장이 들어와서 일가친척 이주하고

우물가 불도화도 안타깝게 떠나갔네.
어릴적 날 키운 고향 어느 곳에 살고 있나

〈그리움〉 전문

이 작품은 모든 사람이 지니고 있는 마음속의 그림이다. 문명이란 미명아래 고향이 사라지고 있다. 다시 말해 문명에 의해 사람이 쫓겨나고 있는 상황이다. 환경오염으로 생태계의 변화를 가져오는 것만이 아니라 우리 마음속에서 고향마저 소멸해 가고 있는 것이 현실이다.

해마다 피던 해당화는 소녀의 마음을 뒤흔들고 벌 나비 윙윙대던 평화로운 고향을 오랜만에 찾아가니 논두렁 뛰어 놀던 송아지 울음소리가 아직도 논두렁에 남아 있는 것 같은 착각을 하는데 현실로 돌아와 보면 낯설기 그지없는 땅이 되어 있다. 세월에 밀려 사람도 바뀌고 마을은 공장이 차지하고 산과 들, 심지어 송사리 놀던 시냇물마저도 낯설기만 하다.

국가 산업개발 계획 때문에 이웃들은 뿔뿔이 흩어지고 지금은 생산성을 높인다는 경제적 이익을 위해 공장이 들어와 있는 실정이다.

시인을 키워 준 고향이 지금 사라진 것이다. 이런 현상은 시인뿐만 아니라 대한민국 온 국민들이 겪어야 하는 산업개발과 경제적 발전을 위한 과도기적 현상으로 마음이 아파도 국민들이 감내해야 할 현실인 것이다.

> 논두렁 길 들어서면 누런 벼가 넘실넘실.
> 메뚜기가 폴폴 나네, 반갑다고 이리저리.
> 논바닥 물속에서는 미꾸라지 꿈틀꿈틀
> 너희들 논 속에서 실컷 먹고 자라거라.
> 나는야 울 아버지 타작한 쌀 냠냠 먹지
> 잡아 낸 큰 가물치는 시집 간 언니꺼야.
>
> 〈논두렁〉 전문

이 작품은 동시조편에 실린 글로 시조의 정형에서 벗어나 있지만 동시조의 특성상 어쩔 수 없는 작법이다. 동시조는 동심의 세계이다. 이 동심의 세계는 구김이 없어야 되고 솔직해야 되고 꾸밈이 없어야 된다. 따라서 어린이의 눈높이에 맞는 말이면 족하다. 오히려 엄격한 형식의 고수는 동심을 다치게 만들 수 있다. 어린이가 어른스러우면 어린이다운 귀여움이 없어진다.

첫 수에서는 '넘실넘실' '꿈틀꿈틀' 같은 의태어로 동심을 자극하고 있으며 둘째 수에서 "냠냠"같은 표현은 어린이의 눈높이에 딱 맞는 표현이다. 이런 표현들이 더욱 정겹고 친근감을 갖게 만든다. 소학 시인이 이런 동심의 세계를 그릴 수 있다는 것은 그만큼 마음이 순수하고 예쁘기 때문일 것이다. 어린이가 되지 않으면 어린이 세상을 볼 수 없는 것은 너무나 당연하지 않은가?

Ⅲ

 이상 소학 시인의 시세계를 살펴보았다. 그가 추구하는 시세계는 한마디로 순수함이다. 청순 함이다. 세상이 온갖 욕심과 욕망과 이기심으로 가득 차 있다고 해도 시인은 그에 편승하지 않는 고집이 있고 이 세상 여행을 마치는 그날까지 천부적 순결함을 잃지 않으려는 순결미와 담백미가 있다. 그래서 독자는 편안하고 마음이 가벼워지고 마침내는 번뇌마저 떨쳐버릴 수 있지 않을까 생각한다. 시인은 심성이 곱고 예쁘다.
 앞으로 더 좋은 시조 작품을 많이 창작하여 독자들의 뜨거운 사랑을 더욱 더 받기를 기대하며 펜을 놓는다.

길 위에서

1판 1쇄 발행 2020년 5월 10일

지은이 | 이 일 희
펴낸곳 | 열린출판
등록 | 제 307-2019-14호
주소 | 서울시 성북구 솔샘로25길. 114동 903호
전화 | 02-6953-0442
팩스 | 02-6455-5795
전자우편 | open2019@daum.net
디자인 | SEED디자인
인쇄 | 삼양프로세스

ⓒ 이일희, 2020

ISBN 979-11-966435-9-1 03810

*책값은 뒤표지에 표시되어 있습니다.
*저자와 협의하여 인지를 생략합니다.

이 도서의 국립중앙도서관 출판예정도서목록CIP은 서지정보유통지원시스템 홈페이지
http://seoji.nl.go.kr와 국가자료종합목록시스템http://www.nl.go.kr/kolisnet에서 이용하실 수 있습니다. CIP제어번호 : CIP 2020015936